Pasqual

Perdonarsi per donarsi.
Guida completa alla felicità

I miei sogni sono diversi da quelli degli altri: quando chiudo gli occhi immagino un mondo in cui tutti sorridono, un pianeta dove non esiste forma di iniquità.
Ho visto troppi occhi piangere, anche senza versare lacrime.
Ho poggiato la mano su troppi cuori infranti, da genitori che non riescono ad amare, da fidanzati che non amano altro che loro stessi o da figli che si dimenticano di chi li ha cresciuti.
Ho sentito troppe volte la paura di chi mi stava affianco, e la cosa più brutta per me era non poter fare niente.
Vorrei vederli tutti insieme quei sorrisi: quelli dei bambini che a pochi anni sono costretti a subire delle chemio, quelli dei ragazzi a cui è stata portata via la facoltà di volare, quelli degli adulti che troppe volte hanno fallito per via di un mondo corrotto.
Vorrei sentirli esultare tutti insieme come in uno stadio di calcio quando segna il numero 10.
Vorrei che al fischio iniziale cominciassero tutti a ridere di cuore, come faceva mio zio davanti ai film di Totò.
I miei sogni sono diversi da quelli degli altri perché riguardano gli altri e perché quando vi vedo sorridere, sono un po' felice anch'io

Pasquale Stavolone

Perdonarsi per donarsi.

Io volevo soprattutto rivelare agli uomini il segreto del mio Cuore, affinché comprendessero che il mio amore è più grande di quei segni esterni che io dono loro. Perché le mie sofferenze hanno avuto termine; il mio cuore invece non ha mai avuto termine.
(Gesù a Santa Caterina da Siena)

A mia madre che ha pregato tanto per me
Agli amici che mi sono vicini nonostante il mio caratteraccio
A Marica che ho cercato come un cane da tartufo: dove sento il tuo profumo trovo la felicità.

Durante questa quarantena tutto si è fermato ed anch'io mi sono fermato a pensare. Ho cercato di capire cosa volevo, da dove venivo e cosa avevo messo in atto finora. Guardandomi alle spalle mi sono accorto di essermi fatto in quattro per pubblicare dei libri che hanno emozionato tante persone e credetemi che non me lo aspettavo. Mi sono accorto che però, per inseguire i miei sogni non avevo donato abbastanza tempo ai miei genitori e così ho deciso di rendere mia madre felice stando più tempo con lei. Abbiamo realizzato delle ciambelle, dei biscotti e ci siamo divertiti tanto, anche se sono ingrassato un pochino e adesso mi sono messo a dieta.
Ogni giorno ho scritto qualcosa: un pensiero che mi è venuto e che mi ha ricordato chi sono e da dove vengo. Tutto è stato racchiuso in questo libro, perché nel 2017 decisi che le emozioni che non esternavo non dovevo tenermele solo per me. Spero vi piacerà

Capitolo 1

Si comincia dal perdono

La prima legge della fisica recita che ad ogni azione corrisponde una reazione uguale e contraria. Questo per dirvi che siamo il frutto delle scelte fatte in passato.

Non è facile saper scegliere una persona, soprattutto se la nostra ingenuità la fa da padrona. In questo libro affronteremo tutti gli step necessari per poter trovare una persona che realmente vuole renderci felici. Dobbiamo partire però dal perdonarci i nostri errori passati, dal saperci amare e dal saper stare da soli per un periodo di tempo di cui necessitiamo per capire chi siamo e cosa vogliamo realmente.

Cari lettori, parto col dirvi che per me non sarà semplice scrivere questo libro. Sono il primo che si dovrebbe perdonare per aver dato fiducia a persone che in realtà non volevano altro che usarlo per un periodo limitato di tempo.
Vi dico però che la colpa non è vostra: alcune persone riescono ad adattarsi ai nostri bisogni come i camaleonti fanno con l'ambiente circostante. Con la differenza, però, che gli animali usano l'intelligenza per proteggersi da chi potrebbe mettere in pericolo la loro incolumità, mentre gli umani la usano per il gusto di compiacere sé stessi, e così facendo, anche senza volerlo, distruggono la vita di altre persone.
Credo che ognuno di noi nella vita si sia sentito tradito, talvolta, da chi immaginava mai potesse voltargli le spalle; perché prometteva amore eterno, una famiglia e tutto quello che avevamo sempre desiderato e poi alla prima occasione si è

mostrato per quello che era. Il problema è che, noi persone fragili, diamo a pochissimi la possibilità di ferirci, scegliamo con cura perché sappiamo cosa significa lottare con sé stessi e scendere nel più profondo della propria anima per migliorarsi, ma nonostante ciò può capitarci di rimanere fregati. Non lo dico per consolarvi ma succede a tutti prima o poi.
Nei miei libri descrivo la fiducia come un coltello che diamo nelle mani di un probabile aguzzino e che bacio dopo bacio, carezza dopo carezza, giorno dopo giorno noi stessi affiliamo. Proprio per questo prima di iniziare un nuovo rapporto abbiamo paura di ritrovarci nella medesima situazione vissuta mesi prima e basandoci sul passato non siamo capaci di donare fiducia a chi magari la meriterebbe per davvero ed anche se ci proviamo non riusciamo a donarci totalmente ad un'altra persona, almeno non subito. Ecco perché dobbiamo perdonarci tutte le volte in cui siamo stati ingenui ed abbiamo commesso leggerezze che ci hanno lasciato in ginocchio ancor prima di approcciare con altre persone.

Ci sono le cose belle e le cose che non si possono descrivere: le cose belle sono quelle che ti fanno stare meglio, tipo un abbraccio o una carezza di un'amica. Invece le cose che non si possono descrivere stanno un gradino più su. Sono quelle che vengono fatte da persone che fino a un mese prima per te erano estranee ma che all'improvviso sono piombate nella tua vita e non si sa come si sono guadagnate il primo posto nel cuore, quello che a nessuna più volevi donare.
Le cose belle sono un caffè con la persona che ami o una pizza mentre le cose che non si possono descrivere sono i suoi occhi quando ti guarda, il suo cuore che aumenta i battiti appena poggi la testa sul suo petto o i suoi sorrisi felici quando le fai una sorpresa.

Le cose belle si possono descrivere con le parole: ad esempio posso dire di essere andato a guardare un film con gli amici e di essermi divertito tanto. Mentre le cose che non si possono descrivere, per l'appunto, non si possono descrivere: non posso ad esempio descrivere la sensazione che provo ogni volta in cui la guardo, ogni volta in cui la tocco... posso solo dire che se per un giorno non la vedo mi dimentico di quant'è bella e che poi appena la rivedo, come la prima volta, rimango fulminato.
Mi dicono di andarci piano ma in quei momenti parla il cuore ed il mio cuore non può fare altro che dirle ancora una volta: "Quanto sei bella oggi!"
Ci sono le cose Belle e le cose che non si possono descrivere e lei sicuramente è una delle cose che, a parole, non sono in grado di descrivere.

Vivere in questo modo e continuare a pensare a chi ha preferito vederci sprofondare piuttosto che tenderci la mano non ci porta che ad escludere tutti coloro che potrebbero renderci felici, a chiuderci in noi stessi, a restare a casa nei week-end e ad essere tristi; e sappiamo che non è questo quello a cui aspiriamo, noi vogliamo la felicità. Ma la felicità va cercata, come i cani fanno coi tartufi o come i ricercatori d'oro setacciano lungo le sponde dei fiumi. La nostra ricerca dev'essere ancora più insistente di quella attuata da questi ultimi, perché come disse Gesù al Diavolo tentatore: "Non di solo pane vive l'uomo". A quei tempi era comune avere fame poiché non c'erano il benessere e le risorse che oggi abbiamo a disposizione. Ecco, Gesù pronuncia queste parole per farci capire che l'uomo oltre ad avere fame materiale, sovente, si trova in situazioni di carestia spirituale. Mi spiego meglio: oggi abbiamo la possibilità di mangiare qualsiasi cibo o bevanda vogliamo, purché sia commestibile. Basta recarsi nel supermercato più vicino e comprare ciò che ci piace. Ma non è solo questo ciò di cui abbiamo bisogno per essere felici, non di sole cose materiali. Avremmo bisogno di trovare una persona che ci possa portar via da tutto il male che ci è stato fatto da chi non ci ha saputo dare valore, che ci doni tutto l'amore che magari non abbiamo ricevuto dai nostri genitori e che ci faccia di nuovo credere nel sentimento più bello che esista. Una persona che ci faccia sentire unici e speciali e che ci metta sempre al primo posto nonostante tutti i casini che ha. Io ho attuato dei cambiamenti nella mia vita e credo possa permettermi di dire anche delle tecniche da me stesso inventate e sperimentate che mi hanno portato a trovare una ragazza che mi fa battere il cuore come mai era successo prima e che nonostante i miei infiniti difetti mi fa sentire la persona più importante del mondo e addirittura asserisce che sono bello ma non perdiamoci in chiacchiere, per questo problema ci vorrebbe un buon oculista.

Siamo artigiani di paure:

Spesso tendiamo ad immaginare una scelta come prospettica. "tu mi dici che ti da fastidio io vada al mare con le mie amiche ma io al mare ci vado perché nessuno mi dice cosa devo fare. E poi se ti assecondo adesso, in futuro non potrò nemmeno andare ad un caffè con gli amici/amiche? No, faccio quello che voglio!"
Non capiamo che ci sono persone che hanno bisogno di qualche attenzione in più. Magari perché non ne hanno avute dai genitori o perché non credono in loro stesse ed hanno paura di perderci.
Io penso che l'atteggiamento giusto in questi casi sia parlare e discutere, anche per ore, se davvero ci teniamo a quella persona, far capire alla persona cosa si prova e cosa significa per noi stare tra le sue braccia e poi dire: "io al mare ci vado

perché non faccio nulla di male ma se puoi stare più sereno magari vieni con me"
Vieni con me = non ti sto escludendo
Vi faccio questo esempio banale ma lo stesso modo di agire può essere utilizzato in tematiche anche più gravi.
Non tutte le persone riescono a fidarsi subito e se noi attuiamo un meccanismo di difesa non facciamo altro che continuare ad innescare paure. Magari il nostro partner avrà avuto trascorsi burrascosi che nemmeno sta a dirci, per motivi che nemmeno potremmo immaginare.
Di solito tendiamo a mettere in primo piano l'orgoglio, senza considerare che è motivo di uccisione di rapporti e considerando solo noi stessi ed il nostro volere ma è proprio questo il bello di una coppia: anche se siete diversi dovete ragionare sempre in due, come foste una cosa sola.
Vi dico che la paura fa bene, soprattutto all'inizio dei rapporti, quando bisogna tastare il terreno per giudicarne la fertilità e decidere se vale o meno la pena di piantare un piccolo seme da cui germoglierà il nostro amore.
Vi spiego la mia prima tecnica: quando ero single mi è capitato di uscire con alcune ragazze, non tante ma abbastanza per affinare questa tecnica a mio dire molto astuta. Penso abbiate capito che non volevo altro che amore e non quello che cerca la maggior parte delle persone ai tempi d'oggi e credetemi che questo non significa io non sia mai stato tentato nel compiere determinati gesti in modo meccanico solo per godere per un paio di ore, anzi, diciamo che anche io sono un uomo e si sa a cosa pensa l'uomo prima di tutto il resto. Questo però per me non è mai stato un freno verso il mio obiettivo o meglio sono stato io a sapermi dimenare tra le varie tentazioni e vi dico che senza la forza che mi ha dato Dio mai ci sarei riuscito. La mia tecnica era quella di parlare a queste persone di Dio e di cosa aveva fatto nella mia vita, cercando anche di portarle a lui.

Una ragazza mi disse: "Ti rendi conto che hai perso più tempo a parlarmi di Dio che di te stesso?" Non le risposi, perché solo se avesse avuto un cuore puro avrebbe potuto capire che stavo mettendo da parte me stesso per donarle la felicità. Forse era abituata a quegli uomini che subito ti saltano addosso perché vogliono altro, non lo posso sapere e nemmeno mi interessa, decisi di allontanarla perché era ciò che il cuore mi diceva. Potrete immaginare cosa pensa una ragazza che vuole solo del sesso quando un ragazzo le parla di Dio… alcune mi rispondevano che credevano in lui ma che quelli erano bisogni umani ed andavano seguiti, altre mi dicevano che si recavano tutte le domeniche a messa e poi mi dicevano che prima di innamorarsi dovevano provare tutto di un uomo, in primis com'era a letto, altre ancora mi dicevano che Dio era solo un'invenzione e chi più ne ha più ne metta.

Adesso vi dico una cosa importante che pochi conoscono: credere in Dio non significa solo recarsi a messa ogni Domenica o recitare il rosario. Credere in Dio significa vivere in Dio ogni singolo momento della propria vita e mettere lui al primo posto, anche prima di noi stessi. Questa è la differenza tra un cristiano (che vive la propria vita in Cristo) e chi dice di essere un cristiano. Chi crede in Dio non fa del male né a sé stesso né agli altri e per questo si libera da tutte le catene che possono portarlo alla morte spirituale, non usa le persone e teme di fare del male a colui che ha dato la vita per liberarlo dai peccati. Oggi, come anni addietro, esistono tanti modi per pregare. Modi che mi hanno avvicinato a Dio quando pensavo che la Santa Messa fosse solo una perdita di tempo. Dio si è servito della mia più grande passione: 'il canto' per liberarmi da tutto il dolore e l'odio che avevo dentro, mi ha donato una pace interiore che non avevo mai avuto e mi ha voluto come suo annunciatore. Quando parlo di Dio alla mia fidanzata vedo che le si illuminano gli occhi. A lei racconto di tutto quello che ha fatto e che continua a fare per me e sono felice abbia provato cosa significa essere amati realmente.

Chi teme Dio e pratica la giustizia, a qualunque popolo appartenga, è a lui accetto.

Temere Dio non significa avere paura ma vivere con la coscienza di avere un Padre che è sempre presente e che veglia su di noi costantemente. Dio non deve essere visto come giudice delle nostre azioni, anche perché tutti sbagliano, me compreso, deve essere vissuto come colui che non vuole altro che il vero bene per il figlio. Avere timore di Dio non significa essere intimiditi ma avere rispetto verso chi ci ha donato la vita. Chi davvero teme Dio quando cade sa di non essere solo ed appellandosi a lui trova ristoro e forza per continuare a vivere.

C'è stato un periodo in cui pregavo tantissimo e chiedevo a lui di delucidarmi sulla scelta di una persona per la vita. Lui ogni volta mi rispondeva e mi diceva di lasciar stare quella persona perché non faceva per me: tramite un passo della Bibbia o una parola di un fratello.
Fatto sta che nessuna di queste ragazze mi chiedeva di fare l'amore ma tutte mi dicevano che volevano scopare. Ho sempre abiurato questo verbo insieme alle persone che lo pronunciano, anche se non giudico nessuno. Ogni tanto venivo tentato davvero in modo forte ma grazie alle mie preghiere ed a quelle che chiedevo ai miei fratelli di fede ne sono sempre uscito illeso. Non volevo una persona superficiale al mio fianco, volevo esattamente quello che Dio mi ha inviato.
Mi sento di dirvi che se ad un certo punto ci accorgiamo di avere di fronte una persona sincera, lasciamoci andare e dimentichiamo tutto il male che ci è stato fatto sostituendolo coi brividi dell'Amore.

Voglio scrivervi una parola donatami dal Signore in uno dei periodi in cui ero più tentato sessualmente:

Figlio mio, fa attenzione alle mie parole, porgi l'orecchio ai miei detti; non perderli di vista, custodiscili dentro il tuo cuore, perché essi sono vita per chi li trova e guarigione per tutto il suo corpo.
Più di ogni cosa degna di cura custodisci il tuo cuore, perché da esso sgorga la vita.
Tieni lontano da te la bocca bugiarda e allontana da te le labbra perverse.
I tuoi occhi guardino sempre in avanti e le tue pupille mirino dritto davanti a te.
Bada alla strada dove metti il piede e tutte le tue vie siano sicure.
Non deviare né a destra né a sinistra, tieni lontano dal male il tuo piede.

Queste parole mi furono donate in un periodo davvero delicato in cui era entrata nella mia vita una persona a cui mi stavo legando ma che sapevo non facesse per me. Mi ricordo che quando la lessi durante una preghiera comunitaria dissi a Dio che da solo non ce l'avrei fatta e che però volevo seguire il suo volere perché sapevo fosse la cosa giusta per me. Gli chiesi di allontanarla ed il giorno dopo lei mi disse che forse sarebbe stato meglio se avessimo smesso di vederci perché io ero troppo per lei e perché lei da me non voleva amore ma altro, proprio come Dio mi aveva detto. La mia tecnica aveva funzionato anche con lei, anche se non ero riuscito a portarla a Dio nonostante mesi di sforzi. Ci restai male davvero tanto ma

Dio dona a tutti la facoltà di scegliere la propria strada e lei scelse la sua.

Vi auguro una persona che vi dica: "Ti Amo!" mentre ci state facendo l'amore

Per rapportarci ad una nuova persona abbiamo bisogno di chiudere la porta al passato e perdonare le persone per quello che ci hanno fatto, altrimenti ci ritroveremo con due piedi in una scarpa e non saremo mai felici. Attenzione, non credo sia facile veicolare tutto il dolore e quindi serve un lasso di tempo in cui bisogna stare da soli per ricostruirsi o ci si donerà al primo che capita solo per paura che nessuno ci pigli. Dio mi ha insegnato un trucchetto, ve lo spiego, poi sarà vostra premura seguirlo o meno.
L'unico modo per mandare via tutto il dolore che ci è stato causato e che forse ancora sentiamo, è il perdono: come forse già saprete io seguo un cammino spirituale che mi ha portato ad una grossa crescita interpersonale e tramite il quale Dio mi ha insegnato a perdonare. Nel mio caso non era una sola persona ma molte di più e ci ho messo un po' di tempo per riuscirci ma ricordate che nessuno ci corre dietro, quindi prendiamoci tutto il tempo che ci serve. Io spesso prego per chi mi ha fatto del male perché tutti sbagliamo e tutti abbiamo fatto del male a qualcuno, anche se in modo involontario e poi perché non sono nessuno per giudicare la vita degli altri o per costringere una persona a stare con me con la forza. Col tempo il dolore passa e con lui va via l'odio ed il rancore ma se volessimo potremmo mandarlo via molto più velocemente proprio tramite il perdono. Io ho perdonato tutte quelle persone che mi avevano tradito, almeno secondo il mio modo di vedere e con alcune ho anche recuperato rapporti che pensavo ormai fossero seppelliti.

Dio con me non ha compiuto tanti giri di parole e mi ha detto in modo chiaro che dovevo perdonare chi mi aveva fatto più male di tutti poiché lui avrebbe perdonato me per i miei peccati con lo stesso metodo di giudizio (…rimetti a noi i nostri debiti come noi li rimettiamo ai nostri debitori…) ed io così ho fatto. Prima ho pregato tanto per lei e per me per un po' di tempo e poi quando mi sono sentito pronto le ho detto che Dio mi aveva suggerito di perdonarle tutto ed io avevo accettato il suo consiglio. Mi rispose che lo stesso valeva per lei e che ci eravamo fatti del male reciproco perché non eravamo compatibili e perché eravamo cresciuti in contesti troppo diversi. Mi disse che avrei trovato chi mi avrebbe reso finalmente felice e me lo augurò ed io lo stesso augurai a lei. Fortunatamente così è stato e da parte mia non è rimasto altro che il bene, anche perché col senno di poi, aveva ragione.

Molto spesso mi viene chiesto dai miei lettori sui social, perché secondo me l'amore non esiste più o perché le persone sono sempre tanto superficiali. Io penso la risposta sia semplice: abbiamo sostituito il vero Dio col dio danaro e ci stiamo abituando troppo alla perfezione. Dovremmo capire che questa caratteristica non appartiene all'essere umano. Perché i cani amano meglio delle persone secondo voi? Semplice: loro manco li guardano i fogli di carta, loro vogliono solo donare amore incondizionato. Dio mio quanto li amo i cani e non ne prendo uno solo perché non sarei in grado di ricambiare il suo infinito amore. Non possiamo paragonare persone che incontriamo per strada a quelle che vediamo sui social ed in Tv, fisicamente intendo. Soprattutto perché una persona 'Normale' non può permettersi trattamenti estetici o cose del genere e quindi, tranne alcuni casi rari, non potrà mai rassomigliare a chi ha fatto beneficio di chirurgia plastica o filler ad esempio.

Penso che la gente dovrebbe imparare ad amare i difetti degli altri prima di amarne i pregi, perché è davvero molto semplice amare solo per questi ultimi.

Cerchiamo chi possa amare i nostri difetti ma non siamo disposti ad amare quelli degli altri

Un'altra cosa che mi intristice è vedere tutti questi personaggi famosi essere sempre felici grazie a quello che guadagnano e trasmettere un messaggio di finta positività reiterata nel tempo. Questa secondo me è un'arma a doppio taglio, visto che fa bene a chi sta male, magari rallegrandolo, e su questo non ci piove, ma crea anche nel cervello di chi li segue un meccanismo di difesa contro lo stare male, e si sa che star male serve per crescere. A volte serve più star male che star bene, sia da soli che in coppia, e un ragazzino che vede solo persone felici si chiede perché SOLO nella sua vita ci sia così tanta tristezza, anche se magari è legata solo al fatto che non può permettersi il nuovo smatphone sul mercato. I social e le televisioni danno una visione della vita molto consumistica e recidiva. Perché recidiva? Perché una persona che cambia telefono ogni anno solo per farsi i selfie e far vedere a tutti che ce l'ha fatta, a qualcuno può dare un messaggio di sprono a dare sempre il massimo, mentre a qualcun'altro può semplicemente far pensare che mai potrà essere felice, visto che tante cose non se le può permettere. Legarsi alla materialità non fa bene né a sé stessi né agli altri, e nemmeno ai rapporti. Spesso incontro persone che prima ancora di sapere come ti chiami ti guardano dalla testa ai piedi per vedere se hai vestiti di firmati, altrimenti non ti puoi interfacciare con loro. Io penso non sia manco questione di cattiveria ma semplicemente di scelte sbagliate che ti portano ad un modo di pensare diverso da quello di chi segue il vero amore. Chi te lo dice che una persona povera in

ricchezza non possa essere ricca in spirito, e che non possa renderti la persona più felice al mondo? "No, io vicino a quella persona nemmeno ci vado perché non ha un lavoro o non sta messa bene economicamente di famiglia". E poi dici che non c'è più l'amore? Fatti un bagno di umiltà e parla un poco con la tua coscienza.
Un altro tarlo è anche quello del sesso, oggi visto in modo consumistico e vissuto in modo meccanico da tante persone.

Ragazzi, non ci si innamora facendo sesso. Ci si rovina facendo sesso!

Potrebbe succedere che ci si innamori, mai dire mai, ma solo in rarissimi casi. Io penso che oggi si viva per le infatuazioni, ecco perché si predilige il sesso. Conosci una persona, ci vai a letto e poi si vede il da farsi. Così mal che vada almeno hai avuto un qualcosa in cambio, o no? Che ragionamento triste ragazzi, che ragionamento triste!
L'amore deve nascere dal nulla: uno sguardo inaspettato, una carezza che arriva al cuore, un bacio rubato sotto casa col cuore che batte a mille per la paura di essere rifiutato; Questo è Amore, non fare sesso da ubriachi alle 03:00 di notte in mezzo alle frasche, quello è scopare, e chi pensa a scopare non avrà mai spazio nel cuore per il vero Amore. Amare significa passare per la conoscenza, per i più bei momenti passati insieme, per poi arrivare al sesso. E credetemi che fare sesso mentre vi batte il cuore e sentirsi dire dalla persona con cui lo si sta facendo quelle due magiche paroline non ha prezzo. Non sto dicendo assolutamente che chi ha sempre pensato al sesso non si possa innamorare ma secondo me l'Amore vero è un dono di Dio: o lo possiedi o non lo possiedi e se lo possiedi vedi tutto in altro modo, tutto con più profondità e nitidezza, proprio come una foto dai dettagli perfetti, mentre se non lo

possiedi vedi tutto in modo superficiale ed anche una piccola sfocatura che rende bella la foto può portarti a cambiare obiettivo. Pensateci prima di voler uscire con ragazzi con tanta esperienza perché nella maggior parte dei casi sarete solo un'altra esperienza e questo vale per entrambi i sessi ovviamente.
Non abbiate paura di amare e date filo da torcere a chi avete di fronte, non vi concedete subito o non vi sarà dato il vostro vero valore e non abbiate paura che quella persona se ne vada perché chi se ne va, non ci ha mai tenuto a voi, ascoltatemi.
Vi faccio un esempio che sono sicuro capiate. Quando avevo circa 16 anni, andai a lavorare per la prima volta da un capomastro e non con mio padre, perché volevo imparare cosa significasse il vero sacrificio e mio padre appena mi vedeva stanco mi chiedeva di fermarmi. Fino a quel momento, tutti i soldi che mi ero guadagnato li avevo spesi in vestiti di marca, scarpe, giubbotti e bevute al bar con gli amici. Ricordo che era Agosto e lavoravamo così tanto che avevamo a malapena mezz'ora per mangiare a pranzo. Iniziavamo alle 07:30 e finivamo verso le 19:00. Praticamente lavoravo in modo ininterrotto per 12 ore al giorno, anzi 11 e mezza perché mezza ce la davano per mangiare. Nel primo mese persi 11 chili, nonostante mangiassi abbastanza sia a pranzo che a cena e capii cosa significasse vivere la vita di un operaio: Tornavo a casa stanchissimo e dopo aver mangiato mi facevo una doccia ed andavo a letto. Quando lavoravo di Sabato la sera non uscivo e spesso preferivo passare la Domenica a casa. (Facevo l'imbianchino, lo stesso mestiere di mio padre e sognavo in quel tempo, di fare l'imprenditore nel campo dell'edilizia) Iniziai dopo quel mese, continuando a lavorare con loro, a dare molta più importanza ai soldi, iniziai a capire che dietro quei fogli di carta, dietro quei jeans da 220 euro e dietro il mio nuovo telefonino, c'era il sudore dei miei genitori, e lo capii

solo nel momento in cui vidi il mio di sudore bagnare il pavimento tra una pennellata e l'altra. Dopo quella esperienza durata tre mesi, perché poi tornai a scuola, iniziai a vedere mia mamma non più come la tirchia della casa ma come la conservatrice ed iniziai a vedere che aveva addosso sempre gli stessi 3 completi per casa e sempre la stessa pelliccia (comprata quando era ancora ragazza) per le occasioni importanti. attraverso le gocce del mio sudore colate sul pavimento, iniziai a vedere tante cose che fino a quel giorno nemmeno immaginavo potessero esistere ed iniziai a dare valore a tutto quello che avevo avuto la fortuna di possedere. Ecco perché vi dico che se vi date subito non sarete apprezzati. Date il tempo di capire a chi è di fronte a voi che siete la persona più preziosa al mondo, perché per i vostri genitori lo siete, per Dio lo siete e lo dovete diventare anche per chi vi dovrà amare per tutta la vita e non per qualche mese o per qualche anno. Tu sei una cosa preziosa, una cosa da tenere in cassaforte, una cosa da proteggere ed hai bisogno di un qualcuno che ti faccia sentire protetta come meriti.

La donna non ha bisogno di un uomo forte ma di braccia dove si sente al sicuro!

Io paragono la donna ad una rosa: così dolce e delicata, la donna, negli anni sviluppa un senso di protezione verso sé stessa, nascondendo il proprio cuore sotto a delle spine. Alla fine solo un Uomo riuscirà a toglierle tutte, pian piano e sarà lo stesso che farà sentire quella rosa la più speciale tra le tante.

Tu che stai leggendo, sappi che sei la più bella delle rose e che un giorno troverai chi ti farà sentire importante. Perché in

fondo un po' tutti lo siamo ma ce ne rendiamo conto solo quando ce lo dice la persona giusta.
Sei speciale, anche se ti trovi in un prato pieno zeppo di altre rose, anche se magari qualcuna è più bella di te, se hai qualche chilo di troppo o un po' di cellulite, tu sei speciale e troverai chi te ne darà dimostrazione, ne sono più che certo.

Prima di iniziare il secondo capitolo vi porgo una domanda, per me di vitale importanza e vi chiedo di fare un gesto simbolico: Sbarrare con una matita la casella che più ritenete opportuna come risposta e scrivere la motivazione della vostra risposta nello spazio sottostante la domanda stessa. Mi raccomando siate sinceri, tanto non vi vedo, ed usate una matita. Poi fate una foto ed inviatemela in direct su insta o taggatemi in una vostra storia

Tu ci credi nell'Amore?

Sì   **No**

Capitolo 2

Non prendiamoci in giro, tutti guardano il lato esteriore

In questo momento alzati e raggiungi lo specchio più vicino. Ora guardati negli occhi e dici a te stessa: "Sei bellissima!" Non badare a cosa tu stessa pensi di te, guardati e renditi conto del fatto che sei bellissima perché per Dio e per chi ti ha messa al mondo sei la più bella delle creature.

Quello che sto per farvi vi potrà sembrare un discorso superficiale ma in realtà non lo è affatto, è solo un discorso reale e veritiero e si sa che a volte la verità può darci un po' fastidio. Adesso vi spiegherò il perché. È inutile negare che quando si sceglie una persona lo si fa in primis per il lato estetico o meglio per l'aspetto esteriore per poi andare a scoprire il dentro o meglio, l'aspetto interiore. Molti di noi vorrebbero un modello o una modella al loro fianco, non sapendo che dietro quel corpo marmoreo ci sono ore ed ore di allenamenti e preparazione dei pasti e non immaginando le difficoltà che possono insorgere per avere un fisico asciutto e longilineo.
Qui vi farò un discorso che parte dalla salute, passa per la bellezza ed arriva dritto all' amarsi ed all'amare; quindi leggete attentamente.
Il primo step da affrontare è quello di migliorarsi, sia interiormente che esteriormente e a tal proposito vi darò 10 punti chiave che potranno servire a chi di voi si sente in situazioni di stress fisico o psicologico o a chi semplicemente

vorrebbe vedersi meglio davanti allo specchio senza fare troppi sacrifici:
1) Mangiare sano: Evitare insaccasti, dolci, alcool e bevande gasate ed includere frutta e verdura nella propria alimentazione
2) Bere almeno 2 litri di acqua al giorno
3) Bere thè verde o tisane drenanti
4) Andare in palestra almeno 3 volte a settimana
5) Dormire almeno per 8 ore
6) Andare a dormire prima della mezzanotte
7) Leggere un libro prima di dormire
8) Vivere la Domenica come giorno di riposo e di famiglia
9) Vestirsi bene (senza spendere tanto) e guardarsi tutti i giorni allo specchio.
10) NON FUMARE!!!

Ora vi starete chiedendo: "Cosa c'entrano questi dieci punti con il vero Amore?" oppure starete pensando che non riuscirete mai a fare queste cose. Vi rispondo che non bisogna farle per forza tutte o tutte in una volta, le cose si fanno pian piano. Pensate io abbia scritto questo libro in 3 giorni? Si può partire con un punto alla volta, due o tre. L'importante per noi è divenire ogni giorno una persona migliore di quella del giorno prima, e fidatevi che se lo volete non è poi difficile.
Sì, ma cosa c'entra tutto questo con l'amore?
Partiamo dal presupposto che per amare e sentirsi amati bisogna credere in sé stessi ed amarsi, altrimenti seppure qualcuno si avvicina lo si manda a quel Paese, perché si pensa di essere inferiori quando in realtà non lo si è affatto.
I primi tre punti vi aiuteranno a sgonfiarvi e a vedervi molto meglio nello specchio rispetto a prima, con conseguente crescita dell'autostima e significativa riduzione dello stress.

1) **Mangiare sano:** non significa rinunciare a tutto ciò che ci fa gola, anzi, esistono per grazia di Dio, alcuni nutrizionisti che nelle alimentazioni aggiungono addirittura cioccolato o dolci. Cibarsi in modo sano significa preservare il proprio corpo da malattie come diabete, ipertensione, obesità e tante altre.
Soprattutto per chi ha una famiglia in cui si tramanda una malattia in maniera ereditaria, una buona alimentazione può essere fonte di salvezza e di longevità. Inoltre apporta benefici fisici poiché ci si vedrà meglio dinanzi allo specchio e saremo visti meglio anche dagli altri che dicendoci che stiamo diventando davvero carini apporteranno dei benefici anche al nostro sistema nervoso riducendo le sensazioni di stress e nervosismo, anche se solo mangiando meglio ci sentiremo molto meglio. Il mio consiglio è quello di affidarvi ad uno specialista che possa fare al caso vostro e mostrarvi la via per avere il fisico che avete sempre desiderato. Vi ripeto non fate di testa vostra perché potreste provocarvi disturbi gravi ed irreversibili. Siate intelligenti!

2) **Bere almeno 2 litri di acqua al giorno:** L'acqua è uno dei migliori integratori di Sali minerali e vitamine, ovviamente da sola non basta ma ci aiuta a purificare il nostro corpo e a scacciare tossine che potrebbero provocarci infezioni o altre malattie più gravi. Alcuni studi hanno dimostrato che solo bevendo 2 litri di acqua al giorno si può perdere fino a 1kg e mezzo al mese e si sa che aiuta a drenare il grasso con conseguente riduzione della cellulite poiché, quest'ultima, non è altro che il depositarsi di liquidi all'interno delle cellule di grasso sottocutaneo. Bere tanto ci aiuta a sgonfiarci e

a ridurre le situazioni di stress dovute a tossine che abbiamo in circolo e di cui nemmeno ci rendiamo conto. Ovviamente se non avete mai bevuto andateci piano: magari un bicchiere da 200ml ogni ora per iniziare. Importantissimo è bere acqua appena svegli, almeno 2 bicchieri per purificare fegato, pancreas e reni e per iniziare al meglio la giornata senza portarci dietro quella sensazione di gonfiore addominale.

3) **Bere thè verde e tisane drenanti:** una tazza di thè verde a colazione è l'ideale per chi vuole disintossicarsi e per chi vuole iniziare la giornata con sprint. Esso contiene teina che sul nostro corpo ha le stesse proprietà della caffeina, quindi se siete sensibili e volete anche prendere un buon caffè compratelo deteinato. Può essere usato anche come drenante e antiossidante se mescolato all'acqua che bevete durante il giorno e berlo tutti i giorni ci farà sentire sicuramente molto meglio. La tisana la consiglio di sera, magari per rilassarsi mentre si guarda un bel film o si legge un buon libro. Oggi ne esistono di tutti i gusti quindi non trovate scuse e fatevi del bene. Io amo quella al finocchietto o ai frutti di bosco.

Vi chiedo solo di darmi fiducia e di ascoltare questi miei primi 3 consigli per almeno 15 giorni e poi di fare un paragone con la persona che eravate 15 giorni prima.
Magari starete leggendo questo libro sotto l'ombrellone e vi starete guardando la pancia o toccando i fianchi. Bene, sappiate che se vi impegnate davvero potrete avere il fisico che avete sempre desiderato già nell'Estate prossima; però non dovete rinviare a Settembre, iniziate già da adesso ad allontanare questi cibi e bevande che non fanno altro che iniettarti tossicità,

stress e grasso sottocutaneo; perché lo stress riviene anche dal nostro modo di mangiare. L'alcool, ad esempio, agisce sul nostro corpo come un carboidrato e va a posarsi su pancia e fianchi, come lo zucchero delle bevande gasate o dei dolci e come i conservanti ed i Sali aggiunti negli insaccati.

I secondi tre punti ci aiuteranno a diminuire in gran parte le situazioni di stress, anche legate al jet lag, che non fanno altro che farci mettere grasso e renderci nervosi ed antipatici agli occhi di un possibile partner. È stato infatti dimostrato scientificamente che le persone sotto stress tendono ad accumulare grasso e a sentirsi più tristi.

4) **Andare in palestra almeno 3 volte a settimana:** significa sfogare lo stress sugli attrezzi e non sugli altri, interagire con nuove persone, guardarsi continuamente allo specchio in modo da non nascondersi dietro un dito, ritagliarsi un po' di tempo per sé stessi e per il proprio benessere. Non usate la scusa degli impegni, ormai sono aperte dalle 07:00 alle 24:00. E poi chissà se non potreste incontrare proprio in quel posto il vero Amore e di conseguenza la felicità. Già dalla prima sessione troverete benefici fisici e psichici, soprattutto le prime volte e se non avete voglia di fare sala potrete fare zumba, pilates o altre discipline che oltre al farvi del bene fisico vi faranno anche tanto divertire. Non dimenticate però di recarvi in una palestra dove gli istruttori sono laureati in scienze motorie e dove sono davvero competenti in materia. E poi usate la palestra come valvola di sfogo e non vi fissate troppo sui risultati, che arriveranno ma solo con tempo e costanza; vedetela come un divertimento, come dovrebbe essere vissuta da chi non partecipa a gare di bodybuilding.

5) **Dormire almeno 8 ore:** anche se spesso non ce ne accorgiamo il nostro corpo ha bisogno di ricaricarsi, proprio come la batteria dei nostri cellulari. Dormire poco può portare a situazioni di stress e a conseguente nervosismo che se reiterato nel tempo può essere fonte di malattie gravi. Porto questo argomento all'eccesso perché vedo che oggi si sottovaluta tanto l'aspetto delle malattie rivenienti dai nostri comportamenti e ci si dimentica che siamo il risultato delle nostre scelte. Oggi va di moda addormentarsi tardi e lavorare il giorno dopo con stanchezza e sonnolenza ma ne vale davvero la pena? Fatevi questa domanda

6) **Addormentarsi prima della mezzanotte:** alcuni studi hanno dimostrato che addormentarsi dopo la mezzanotte aumenta le situazioni di stress e dovete sapere che lo stress, oltre all'alimentazione, è uno dei motivi per cui si accumula grasso sottocutaneo. Andare a dormire presto è di vitale importanza per condurre una vita serena e felice e per essere in pace con sé e con gli altri. Se vi approccerete ad altre persone col sorriso ed in modo sereno sarete come delle calamite ed attirerete a voi tanti potenziali partner ma mi raccomando non approfittate di ciò che vi dico e ricordate che far soffrire le persone non è bello. Scegliete una persona per la vita ed amatela più che potete.

I successivi tre punti ci invitano a riposare, a rilassarci e a prenderci dei periodi per pensare a noi stessi e a cosa stiamo realizzando. Vivere la Domenica insieme alla propria famiglia è importante, perché aumenta in noi la voglia di crearci la nostra e di trovare la persona giusta con cui sorridere sempre e con cui mettere al mondo il frutto dell'Amore reciproco.

7)Leggere un libro prima di dormire: è importantissimo raggiungere una situazione di relax prima di addormentarci, per conciliare al meglio il sonno e per dormire nel migliore dei modi e svegliarci freschi per affrontare la giornata nel che ci aspetta. Il primo step è quello di posare il cellulare almeno un'ora prima di dormire o di usarlo solo in caso necessario poiché la luce del display ci arriva agli occhi eccitanto il nostro sistema nervoso. Non ce ne accorgiamo ma il nostro cervello vorrebbe dormire e noi lo bombardiamo di fasci di luce stressandolo al massimo. Posate il cellulare e leggete un buon libro che oltre a conciliarvi il sonno vi farà vivere la vita di un'altra persona.

8)Vivere la Domenica come giorno di riposo e di famiglia: Secondo il mio modo di vedere la Domenica è un giorno in cui non dovremmo fare altro che rilasarci e dedicarci ai nostri affetti. Io la passo svegliandomi un po' più tardi, non pensando al lavoro e recandomi a messa.
Di Domenica mi piace restare a casa e preparare dolci coi miei genitori o magari andarmi a fare una passeggiata ma sempre nel più completo relax, evitando zone trafficate e assembramenti di persone. Un bel parco per me è l'ideale perché ti aiuta a conciliarti con la natura, con te stesso e con le persone che scegli di portare con te.

9) Vestirsi bene (senza spendere tanto) e guardarsi tutti i giorni allo specchio: ogni volta in cui uscite di casa potrebbe essere quella buona per incontrare l'amore della vita, ergo, quando uscite vestitevi sempre come doveste incontrare un principe, truccatevi se siete donne e rendetevi

più belli che potete. Ricordatevi però di non spendere poi tanto per i vestiti perché c'è gente che non può permettersi un pasto caldo e ricordatevi di guardarvi allo specchio prima di uscire e di cambiare outfit se non vi piacete.
Dovete cercare di essere padroni di voi stessi in tutte le situazioni che vi si presentano, senza vergognarvi, perché il vergognarsi non è altro che il non piacersi.

Leggere ci porta a vivere la vita di tante altre persone e mi sento di dire che a volte ci insegna a vivere meglio. Attenzione però a trarre solo il buono dai libri, perché non tutti i bestseller parlano di amore, anzi, ultimamente trasmettono un'idea di amore violento, dove gli amanti si legano o si imbavagliano ma quello per me è sesso.
Ho paura che oggi le persone abbiano confuso l'amore col sesso, le differenze sono tante e sono abissali. L'amore ad esempio, non ha bisogno di possedere: chi ama dona carezze e non schiaffi sul sedere, nell'orecchio vuole gemiti e non urla e quando ti riaccompagna a casa vorrebbe non scendessi più da quella macchina. Chi ama ti guarda come se fossi la cosa più bella del mondo, ti bacia sulla fronte e ti porta quelle caramelle gommose che tanto ami ma che non compri per paura di ingrassare. La cosa al quanto strana è che, solo se ti guarda lui, davvero ti ci senti bella, bella come non mai.
Chi ama si presenta sempre cinque minuti prima ed aspetta con ansia che tu scenda con il cuore a mille. Ti bacia, ti accarezza, ti prende la mano e poi parte e sa che non importa dove andrete: fino a che starete mano nella mano qualsiasi sia il posto, sarà il più bello del mondo. L'Amore ti guarda negli occhi e non abbassa lo sguardo perché è sincero, non ti mente e non ti farebbe mai del male. Io vi dico che è una sensazione bellissima potersi fidare di una persona che fino a poco prima

non conoscevi e che ti dimostra in tutti i modi che a te ci tiene e che non ti farebbe mai del male perché vive per il tuo sorriso.

Credo che uno dei segnali più forti per capire se una persona ci tiene a te sia la buonanotte: se una persona ti invia la buonanotte prima di addormentarsi ha avuto un pensiero per te e se ti ha pensata prima di dormire ti avrà pensata sicuramente anche per tutto il giorno. Il buongiorno è diverso, perché al mattino ci sentiamo meno sicuri di noi stessi e dei nostri mezzi e abbiamo più paura di fallire. Mentre la sera lasciamo spazio al cuore ed al romanticismo, non a caso la luna è così bella di notte e non a caso di notte cala la pace del silenzio. Attente però a chi la buonanotte la invia a tutte ah ah ah

10) Non Fumare:

Ultimo ma più importante punto è quello di smettere di fumare. Io se devo essere sincero odio l'alito da fumo e non è solo l'alito che peggiora: il fumo invecchia la pelle, ti rende sempre nervoso e stressato, ti occlude le vie respiratorie, ti ostruisce le vene e negli uomini provoca infertilità ed impotenza oltre a tumori, ictus, infarti e chi più ne ha più ne metta. Da molti la sigaretta è vista addirittura come segno di virilità o come scusa per attaccare a parlare fuori ad un locale. Adesso non sto dicendo di abiurare chi fuma ma sinceramente non amo le persone che fumano, perché quella puzza gli si attacca addosso e se la portano ovunque, sia all'interno del proprio corpo che all'esterno.

Imparare a prendersi cura di sé stessi e del proprio corpo è importante, perché se non sappiamo prenderci cura di noi che siamo la cosa più importante come possiamo sperare di saper avere cura di un'altra persona che all'improvviso ci stravolge la vita? Saper avere cura della persona che amiamo significa metterla sempre al primo posto e preservarla in modo da non perderla. Mi raccomando migliora ma solo per te stessa e non per piacere agli altri, perché una cosa è migliorarsi per divenire più belle ed un'altra è migliorarsi per piacere a qualcuno che non ci apprezza. Chi non ci apprezza va mandato a quel Paese!

Capitolo 3

Le Fragilità

Siamo fragili, l'essere umano è fragile e non dobbiamo vergognarci di questo nostro aspetto che ogni tanto ci riporta ad essere bambini. Tutti, anche chi mai lo ammette, avremmo bisogno di una persona che ci dimostrasse, più che ci dicesse, l'infinito amore che prova nei nostri confronti; e non parlo di gesti eclatanti tipo regalare un anello o un'auto ma di gesti semplici e mirati, che colpiscono dritto al cuore.
Io ad esempio amo le persone che preferiscono stare a casa con me o che amano andare al cinema piuttosto che andare a ballare in discoteca o andare a serate di balli caraibici. Per carità non sto giudicando chi ci va, anzi, piacerebbe anche a me imparare ma sono negato ah ah ah
Io amo chi mi dice: "Perché stasera non restiamo a casa a guardare un film?" Tralasciamo che poi tutto si fa tranne che guardare quel film che si sta per minuti e minuti a scegliere, ma com'è bello sentirsi dire da un'altra persona che in quel momento non vuole altro che adagiarsi con la testa sul tuo petto? A volte non diamo peso ai gesti e alle parole e per questo non riusciamo a goderci i rapporti in modo felice.
Siamo abituati a vedere le nostre fragilità sempre dal basso verso l'alto e mai dall'alto verso il basso, nel senso che anche se fanno parte di noi vorremmo scacciarle visto che ci fanno paura e tendiamo a nasconderle anche a chi ci ama.
Vi siete mai chiesti invece, se imparaste a controllarle e le trasformaste da punti di debolezza in punti di forza cosa potrebbe succedere?
Vi faccio un esempio semplice e conciso basandomi sulla mia vita: La mia più grande paura è sempre stata quella di perdere

mia mamma. Non è che sono pazzo ma mia madre aveva 5 fratelli e nessuno di questi se n'è andato per morte naturale. Il primo che ho conosciuto se ne andò per un malore al cuore quando avevo solo 7 anni e fu proprio da quel giorno che iniziai a capire quanto le persone possano scomparire (anche se solo fisicamente) in un batter d'occhio.
Ho passato anni avendo paura lei mi abbandonasse, non per sua volontà ovviamente e nel mentre vidi salire al cielo altri due dei suoi fratelli. Questa cosa non fece che alimentare le mie paure ovviamente e le persone che mi stavano accanto nemmeno se ne accorgevano, compresa lei, anche perché io non lo davo a vedere ma me lo tenevo dentro.
Destino ha voluto però che a 29 anni conoscessi Dio. Lui mi ha insegnato che invece di star male per una sua futura perdita avrei dovuto starle vicino e trattarla come lei aveva trattato me fino a quel momento. Mi sono voltato indietro ed ho guardato con occhi chiusi e cuore aperto a tutti i sacrifici che aveva fatto per me. So che ormai vi parlo di lei in ogni libro ma credetemi quando vi dico che l'amore che mi ha donato e che continua a donarmi non ha limiti. Mi ripete spesso:

"Chi te vo bene cchiù e na mamma, t'inganna!"

Col tempo, e dopo le mie esperienze amorose, non ho potuto fare altro che darle ragione e mi sono chiesto come potessi ripagarla per l'amore che mi aveva donato. Ero sempre stato un bravo ragazzo come voleva, mi ero diplomato e poi laureato come voleva e non avevo mai creato casino o scompiglio in famiglia, cosa potevo darle di più? Cominciai così ad osservare i suoi comportamenti, verso di me e verso gli altri, giusto per capire se potessi fare un qualcosa in più per lei. Mi accorsi dopo poco che tutte le sere, prima di andare a dormire, entrava in cameretta e mi dava il bacio della buonanotte. Io nemmeno me ne accorgevo ed in modo meccanico le porgevo la guancia mentre giocavo online e parlavo con alcuni miei amici. Mi accorsi poi che ogni volta in cui mangiavamo lei teneva sempre la parte migliore per me e se magari era rimasta solo una noce ad esempio, lei diceva: "Mangiala tu a mamma, io sto già piena". Ad un certo punto mi domandai: 'Come può essere sempre piena quando c'è di mezzo qualcosa che piace ad entrambi?' La risposta era scontata, come diceva Einstein, era dietro la porta, eppure io non la vedevo. La mia paura di perderla mi aveva portato quasi ad allontanarmi da lei e a desiderare di starci affianco il meno possibile in modo da soffrire meno quando poi se ne sarebbe andata. Magari qualcuno di voi penserà che sono pazzo, ed in realtà lo sono, ma a qualcuno potranno aiutare queste mie parole. Decisi di iniziare a starle più vicino ed a cercare di dimostrarle il mio amore. Non fu facile ma un mattino, appena sveglio, decisi di entrare in cucina e di donarle un mio abbraccio all'improvviso. Fu in quel momento che capii ancora di più cosa significa avere ancora una mamma che ti può stringere forte. Lei mi strinse e chiudendo gli occhi mi disse: "Tu sei tutta la mia vita". Quando cerchi di donare il tuo amore ai tuoi genitori ci perdi, e sapete perché? <u>Perché chi te vo bene cchiù e na mamma, t'inganna.</u> Trasformando la mia debolezza in punto di forza, ovvero iniziando a starle vicino il tempo che meritava, questa mia paura di perderla è andata via via scemando, lasciando spazio alla voglia di starle vicino il più possibile fino a quando Dio me ne darà la possibilità. A volte ripenso a quando mi voleva portare in chiesa la Domenica ed io non ci andavo, a quando a Natale non mi ci recavo e le dicevo di esserci andato coi miei amici e quando una volta si accorse della mia bugia e non mi parlò per tre giorni. Quanto ha pregato mia mamma per me, nemmeno lo potete immaginare. Oggi mi ritrovo ad essere passato dall'essere il meno credente all'essere il più credente in famiglia, e so che è stato anche grazie alle sue preghiere. Ragazzi seguite Dio, perché lui è l'unico che può insegnarci veramente ad amare.

La verità è che non riusciamo ad accettarci per quello che siamo, non riusciamo ad accettare i nostri difetti e non riusciamo a guardarci allo specchio la mattina senza pensare a cosa dovremmo cambiare per essere migliori.
Dovremmo smetterla di passare ore sulla home dei social a scorrere foto di ragazze più belle e dovremmo arrivare alla concezione che è inutile paragonarsi a chi per essere così bella ha a sua disposizione:
- Un NUTRIZIONISTA che cura la dieta ogni giorno
- Un CUOCO che la prepara coi fiocchi
- Un PERSONAL TRAINER che la "costringe" ad allenarsi anche quando non vuole
- Un MAKE UP ARTIST che le elimina quasi tutti i difetti
- Un PARRUCCHIERE che le aggiusta i capelli a regola d'arte
- Un FOTOGRAFO PROFESSIONISTA mago nel ritocco di foto e video e nell'apposizione di luci per foto spettacolari
- Un CHIRURGO PLASTICO

Tutte queste cose, se abbiamo intenzione di migliorare, le dobbiamo fare da soli ed è per questo che a volte la forma fisica ci sembra una montagna così grande da scalare, anche se poi non è tanto difficile migliorarsi credetemi.
Il primo consiglio che vi do è quello di accettarvi per quello che siete ed accettare i vostri limiti/difetti. Con la pancia, con i brufoli, con le occhiaie o il seno secondo voi troppo piccolo… chi vi ama vi deve accettare per quello che siete, Perché

l'Amore vero non accetta solo i pregi ma si innamora dei difetti.

ATTENZIONE

Questo significa che dovete migliorarvi sì, ma in modo sereno, senza pressioni né paure o ansie che possono rivenire dal vostro non accettarvi.
Tutti devono lottare con le proprie fragilità e soprattutto a tutte le età ed in tutte le fasi della propria vita.
Per un bambino ad esempio una fragilità può essere legarsi alla madre tanto da non voler andare nemmeno a scuola per non staccarsi da lei, per un adolescente può essere vedersi brufoli legati alla crescita, per un trentenne può essere vedersi senza un lavoro e con un futuro incerto... e via discorrendo.
Fatto sta che tutti prima o poi faremo a lotta con le nostre fragilità, cercando in un modo o nell'altro di superarle.
Tempo fa scrissi un testo per un ritiro nazionale giovani di preghiera del Rinnovamento nello Spirito Santo, di cui faccio parte da oltre un anno e mi fu chiesto dal Signore di parlare proprio delle fragilità. Utilizzai come esempio la tecnica del Kintsugi: ovvero una tecnica giapponese con la quale un vaso rotto, ormai inutilizzabile, prende nuova vita e diventa, grazie ai propri punti di rottura, ancora più prezioso. È proprio questo che fanno i giapponesi: ridanno valore ad un vaso ormai ridotto in pezzi come dovremmo fare noi col nostro cuore appena usciamo da una storia d'amore, appena ci accorgiamo che quella persona a cui avevamo dato così tanta fiducia e che sembrava essere la persona perfetta per noi non era altro che un umano camaleonte.
Avete mai avuto la sensazione di sentire il vostro cuore rotto?
La tecnica del Kintsugi consiste nel riempire le crepe createsi nel vaso con una miscela d'oro colato, proprio per dargli più

valore e proprio per valorizzare quelle crepe che non fanno altro che renderlo diverso dagli altri vasi/cuori in circolazione. Fate caso a questo passaggio: <u>Sono proprio quelle crepe a renderlo diverso dagli altri</u>. Questo significa che ogni vaso a cui viene ridato valore ha i propri punti di rottura che grazie al Kintsugi lo renderanno migliore e di maggior valore. Proprio come i vasi per i giapponesi, noi per i nostri cari siamo preziosi e siamo preziosi soprattutto agli occhi di Dio. Dio ti ama! Sì, ama proprio te, come ama me, questo non dimenticatelo mai, mi raccomando!

Adesso il testo:

Ho tanti amici ma mi sento solo.
Ho una famiglia che mi ama ma che non mi capisce, vorrei di più…
Mia mamma dice che sono prezioso come un vaso giapponese, e come realmente lo fossi esco ben vestito, curato nei minimi dettagli, perfetto dove posso; ma sento sempre che mi manca qualcosa, sento che ho dei punti che se vengono toccati da qualcuno che per me è importante mi mandano in frantumi.
La prima lotta la faccio al mattino con la bilancia, poi mi fermo a guardarmi allo specchio e mi ripeto che non mi piaccio con quei brufoli. Sono felice ma ho paura di non essere accettato dagli altri e di rimanere solo, visti i miei difetti. Quando esco mi sento più a mio agio se indosso un pantalone firmato, sento come se grazie a quel capo costoso potessero accettarmi più persone anche se ho un po' di pancia. Ho paura che mai nessuna ragazza possa innamorarsi di me viste le parole che mi disse la mia ex prima di lasciarmi e andare via per sempre, e vivo con l'ansia di non riuscire a realizzare i miei progetti futuri: sogno un lavoro stabile, una moglie che mi ami più di ogni altra cosa ed una famiglia unita dinanzi ai

problemi della vita. Ho paura tutto questo sia solo un sogno per me. So che dovrei reagire ma non ci riesco, preferisco fare altro e non pensarci, forse col tempo le cose si risolveranno da sole chissà, ma a volte ci penso e sento che rispetto agli altri, sono poco!

Così mi sentivo prima di applicare la tecnica del Kintsugi al mio cuore. La mia famiglia teneva a me più ogni altra cosa, eppure ero distrutto, dilaniato e rinnegavo la vita. Pensavo di essere troppo fragile e sensibile per questo mondo.

"Chi sei tu?
Come mai sei così dolce con me?
Davvero vuoi ascoltare le mie paure? Nemmeno mi conosci…
Facciamo che io ti racconto ma tu non lo dici a nessuno, ho paura di aprire il mio cuore e di mettermi a nudo."

Un po' di tempo fa, verso le 19:00 circa, una mia amica mi chiese se volessi un po' di caffè. Io con mezzo sorriso le risposi:
"No grazie, se lo prendo a quest'ora poi non dormo"
Lei con aria stranita disse:
"Addirittura?"
Ed io sorridendo:
"Purtroppo sono sensibile anche su questo ah ah ah"
Lei con volto serio ribatté:
"Ed è proprio questo a renderti speciale!"
Mi lasciò a bocca aperta e con la consapevolezza che non tutti non riescono a capirmi. In quel momento la mia amica aveva colato un po' d'oro nelle crepe presenti nel mio cuore, dandomi più valore e facendomi sentire speciale.

Chi ti manda nella mia vita? Mi sento compreso, rilassato e sento il mio macigno un po' più leggero.

Chiesi aiuto a Gesù un giovedì sera, gli dissi: "Se davvero esisti, ti prego aiutami". In quel periodo ero distrutto e pensavo spesso di voler andare via da questo mondo perché avevo perso la persona a cui più avevo tenuto in tutta la mia vita. Andavo avanti per i miei genitori e per non deluderli ma dentro non avevo altro che cenere. Il giorno dopo uscii col mio migliore amico e lui si accorse che stavo ancora male. Spesso mi faceva sfogare con lui e restavamo a parlare per ore ma non poteva darmi nulla in più degli altri. Per me l'unica soluzione era un suo ritorno anche se lei continuava a mandarmi via quando la contattavo. Il mio amico mi chiese se avessi avuto voglia di uscire con dei suoi amici il Sabato sera ed io dopo aver passato tanti week-end da solo nel letto accettai e mi organizzai con loro. La cosa che al momento mi sembrò strana furono le parole di una ragazza che poi è diventata una mia cara amica
"Perché parli così poco?"
"È un periodo un po' strano, non sono sempre così"
Lei mi rispose così:
"Ma tu ci credi in Gesù?"
A quel punto la mia domanda fu: 'Perché mi chiede se credo in Gesù e non se credo in Dio?'
Lui aveva accolto la mia preghiera e mi era venuto a cercare un Sabato sera in una discoteca mentre tutti intorno erano mezzi ubriachi.
"Ti va se ci mettiamo sui divanetti e parliamo un po'?"
"non vorrei annoiarti"
"Non mi annoi…"
Passammo tutta la serata a parlare di lei che se ne era andata e del come stessi male. Lei mi ascoltava e mi diceva di non preoccuparmi perché Gesù mi avrebbe aiutato. Devo davvero

tanto alla mia amica perché è stata lei a portarmi nella chiesa dove ho incontrato il Signore.

"Sì, in realtà ho sempre creduto ma non mi piace l'ambiente della chiesa, preferisco starmene alla larga.
E va bene, verrò, ma solo una volta, giusto per vedere, basta che poi non mi chiedi sempre di venire."

Mi è bastata una sola volta per innamorarmi perdutamente di Dio e per sentire il suo immenso amore verso di me. **Penso un giorno mi manderà la persona giusta, ed io resto qua a rispettare i suoi tempi.**
Che bello rileggere queste parole scritte in grassetto adesso che me l'ha fatta incontrare. (erano state scritte circa 6 mesi fa)
Oggi che sono felice è bellissimo vedere quanto credessi in lui prima ancora del dono che mi ha fatto.

So cosa vuol dire essere ridotti in pezzi dall'unica persona che hai amato veramente, so cosa significa vivere il dolore per la sua assenza mescolato a quello per le sue bugie, so cosa significa mettersi l'orgoglio sotto ai piedi solo perché lontano da lei nemmeno riesci a respirare, so cosa significa essere addirittura rinnegato da una persona a cui hai dato la vita.
Io penso che a un certo punto devi scegliere tra il lasciarti morire sul fondo o il risalire. Ero sceso nel profondo delle tenebre, nel più profondo dei mari, ho gettato lacrime per giornate intere ma a cosa è servito? Ho scelto di risalire e mi sono ripromesso di non tornare mai più in quel mare che all'inizio sembrava calmo ma che poi col venire dei primi venti freddi mi aveva schiacciato sul fondo.

In questo libro vi parlerò di come riuscire a vivere un Amore in modo sereno e senza tante complicazioni. Vi mostrerò quali sono i miei pensieri e vi dimostrerò che l'amore vero esiste e che siamo noi a volerlo evitare, senza accorgercene ovviamente.

Vi chiedo due cose prima di iniziare il terzo capitolo:
1) Non credete ad una sola parola di quello che sto per dirvi se non credete nell'Amore
2) Se avete sbarrato il "No" prendete una gomma, cancellate e con la matita sbarrate il segno "Sì" o chiudete il libro ed usatelo come fermacarte.

Capitolo 4

Differenza tra darsi e Donarsi

Il primo passo da fare per rincorrere il vero Amore è conoscere la differenza tra darsi e donarsi. C'è una enorme ed al contempo sottile differenza tra queste due parole. Vedo che sta prendendo sempre più piede la voglia sia da parte dei ragazzi che da parte delle ragazze di darsi piuttosto che di donarsi. Ma cosa intende questo pazzo autore con queste due parole?
Credo che chiunque di noi abbia sofferto per amore e penso che tutti, soprattutto ai tempi d'oggi, abbiano paura di intraprendere un qualcosa di serio con una persona che fino a poco tempo prima nemmeno conoscevano del tutto o per niente. Secondo me proprio da questa paura/fragilità nasce nel cuore delle persone la convinzione che sia meglio darsi solo superficialmente a qualcuno piuttosto che donarsi in toto.
Esistono anche persone che pensano sempre e solo alla stessa cosa ma credetemi che non sono così tante come credete e che la maggior parte di quelle si comportano così dopo essere state deluse da qualcuno a cui avevano dato la vita, ma vi ripeto, questo succede a tutti: è successo ai nostri padri, è successo a noi e succederà ai nostri figli
Ora vi espongo quali sono i segnali che secondo me possono aiutarvi a riconoscere chi vuole solo darsi e chi invece ha intenzione di donarsi:

darsi:

1) Solitamente si presenta senza possibili paure, anche perché non ha intenzione di investire nulla sulla situazione che sta per crearsi, e magari vuole solo divertirsi un po', come precedentemente avranno fatto con lui e come avrà fatto con tante altre persone non capendo che non è che se qualcuno ci uccide poi siamo giustificati ad uccidere tutti gli altri. Esiste il perdono ed esiste la coscienza che ci chiama e che noi non ascoltiamo. Anche io ho fatto del male in passato e di questa cosa me ne pento anche se sono corso subito ai ripari e se ho cercato di non ripetere i miei errori
2) Non mette subito le cose in chiaro ma dice: "Poi vedremo le cose come andranno" perché non vuole altro che sesso o un po' di consolazione temporanea nell'attesa di una nuova preda
3) Dice che ha paura di iniziare un qualcosa di serio perché è stato ferito troppe volte. In realtà vi sta dicendo in modo velato che vuole solo sesso e vuole vedere voi cosa rispondete. Per lui la risposta ideale sarebbe: "Anche io la penso come te, infatti prendo le situazioni come vengono e mi godo i momenti". Ragazzi e ragazze nelle relazioni di sesso uno dei due finisce sempre per innamorarsi e per essere distrutto, scappate e trovate chi vi possa amare per sempre.
4) Cerca di andare subito al sodo e se ti bacia accenna gemiti di passione visto che esce con voi solo per ottenere quello. Quindi cerca in tutti i modi di farvi eccitare e farvi cedere, birichino ah ah ah. Siate ferme e non lasciatevi trasportare da chi vuole solo portar via dei pezzi di voi.

5) Risponde ai messaggi ogni 3 o 4 ore asserendo di essere impegnato per lavoro o altro mentre in realtà chatta con altre ragazza in contemporanea e per forza di cose si dimentica della vostra chat e quando se ne ricorda si giustifica arrampicandosi sugli specchi.
6) È dolce perché ha il cuore chiuso: si comporta in modo dolce ma lascia trasparire un velo di falsità di cui voi vi accorgete. A volte può essere solo una vostra paura però se avvertite questa sensazione fate attenzione e mettetelo alla prova, magari chiedendogli se crede nell'amore o cose del genere. Dalle sue risposte capirete e le cose saranno molto più chiare.
7) Non ha paura di guardarvi negli occhi perché per voi non prova nulla: una persona a cui piacete veramente non riesce a guardarvi negli occhi per molto, perché si imbarazza e diventa rosso. L'uomo soprattutto quando si sta innamorando tende ad evitare contatti visivi perché deve dare l'idea del bastardo ma alla fine non fa altro che fare in tenero.
8) Fa spesso battutine sul sesso perché vuole capire se siete una persona che ci sta o meno visto che con voi non ha intenzione di perdere tempo. Non vi vuole conoscere quindi chiede a malapena qualcosa su di voi giusto per prendervi in giro e poi tenta subito un approccio.
9) Se vede che state al suo gioco continua, altrimenti vi sostituisce come si fa coi giocattoli.
10) Quando vi sostituisce all'improvviso si accorge che non fate per lui, perché? La risposta è facile: si vede e si sente con altre persone in contemporanea e dice che il problema non siete voi ma è lui.

È brutto scrivere queste cose per me, perché ho sempre sognato un mondo in cui tutti hanno un cuore ed in cui nessuno farebbe del male agli altri se non in modo involontario. Questi 10 segni distintivi valgono sia per gli uomini che per le donne, quindi se incontrate una persona che si comporti in uno o più di questi modi, stateci molto attenti e donatevi poco alla volta, se scegliete di farlo, anche se io appena vedo uno di questi comportamenti scappo, a voi potrebbe capitare di far cambiare una persona, anche se succede davvero di rado.

Donarsi:

1) La prima caratteristica è il non riuscire a guardare negli occhi chi si ha di fronte: chi sceglie di donarsi si guarda bene dalle persone inopportune e concede una possibilità solo e solamente quando non può farne a meno. Lui si che ha realmente paura di soffrire e per questo cerca di non guardare una persona da cui è troppo attratto per paura di sbagliare qualcosa e perderla. Questa ovviamente per gli uomini è una situazione difficile e spesso viene mascherata ma se una donna è intelligente riesce subito a carpire la differenza con gli altri con cui si è interfacciata fino a quel momento.
2) Mette subito le cose in chiaro: inizia a farti domande per capire come sei realmente e tende, talvolta, a contraddirti per vedere come reagisci. Ti dice sin da subito che **non vuole solo sesso** e che crede ancora nell'Amore vero. Attenti però, perché spesso le persone mentono quindi nei primi periodi stiamo sempre molto attenti
3) È stato ferito come te ma <u>tu sei più bella delle sue paure.</u> Ha perdonato chi gli ha fatto del male restando da solo e dimenticando e non sostituendo subito come giusto che sia ed è pronto a reinvestire tutto sé stesso in una nuova storia.
4) Ha paura persino di baciarti perché non sa quale potrebbe essere la tua reazione, ci prova ma quasi alla fine della serata, dopo aver cercato in tutti i modi di metterti a tuo agio. Quando bacia è molto dolce e non accenna a gemiti di passione ma a sospiri d'amore.

5) Ti risponde subito ai messaggi e se per caso non può ti spiega il perché prima o dopo non averti risposto, perché a te ci tiene e non vuole tu ti innervosisca per colpa sua, anzi, vuole tu sia felice e stia tranquilla.
6) Ti porta in posti romantici, ti prende per mano, ti accarezza, cerca di accontentarti in tutto… in poche parole è dolce con te e qui mia cara donna, tu non ne approfittare. Tienitelo stretto un uomo così perché ce ne sono davvero pochi in giro.
7) Ti guarda negli occhi ma con imbarazzo misto a dolcezza poiché non quando ti guarda non può fare altro che innamorarsi e ti racconta la sua giornata perché sei importante e ci tiene a farti sapere com'è andata.
8) Fa spesso battute per farti ridere perché si sa che alle donne piacciono gli uomini che le fanno ridere e vuole farti innamorare anche se quando sorridi poi è lui ad innamorarsi.
9) Se vede che non vi piace cerca di conquistarvi in tutti i modi, anche se a volte si tira indietro per paura di dare fastidio.
10) Non può sostituirvi, almeno nel breve periodo, perché magari per trovarvi ci ha impiegato mesi o addirittura anni

Come vedete la differenza tra darsi e donarsi sta anche nella libertà delle scelte, chi sceglie di darsi è più 'free' rispetto a chi sceglie di donarsi e a differenza del secondo, sentendosi con più persone contemporaneamente non si sente mai solo. Predilige però solo rapporti effimeri e dalla poca durata, anche perché si guarda sempre intorno nonostante sia impegnato e si sa che possiamo essere belli come vogliamo, c'è sempre chi è meglio di noi. Diciamo che chi preferisce darsi piuttosto che donarsi non sarà mai veramente tuo a tutti gli effetti perché crede che la vita vada vissuta in fasi. A questo punto vi scrivo una frase che ho pubblicato sul mio instagram

La vita non è fatta di fasi come pensi, la vita è fatta di scelte.

Magari fino a quando starà con te non ti tradirà ma poi se ne andrà all'improvviso da qualcun'altra, perché tu non sarai altro che una fase della sua vita. Questo non succede sempre ma nella maggior parte dei casi. Quindi, se posso darvi un consiglio, vi dico di allontanarvi subito appena percepite il campanello di allarme se non volete essere fatti di nuovo a pezzi da qualcuno. Piuttosto affidatevi chi vi sceglie: a chi dimostra di tenerci a voi, non guardando solo l'involucro ma anche cosa c'è dentro e pensando al lungo periodo e non a stare bene adesso come oggi spesso si fa, perché Il futuro non è altro che il presente ripetuto. E se continuiamo a commettere errori nel presente, questi si ripercuoteranno su noi anche nel futuro. A questo punto dico alle donne ed alle donne solamente, visto che stanno molto lottando per i propri diritti che devono stare molto attente a fare differenza tra l'essere libere sessualmente e l'essere usate dagli uomini. Purtroppo molte persone del mio stesso genere stanno cavalcando questa onda creatasi negli ultimi tempi per i propri tornaconti e questo a me dispiace. Vi dico solo che essere sessualmente libere non significa andare a letto con chiunque si vuole come fanno i maschi, ma avere la possibilità di farlo senza darsi ma donandosi a chi lo merita. Potrò sembrare contraddittorio ma regalarsi, e questo vale sia per l'uomo che per la donna, non fa altro che farsi trattare come una cosa e non come una persona.

Le cose che non otteniamo col sudore sono quelle a cui diamo meno valore

Ricordatelo sempre, e ricordate che siete preziosi, più dei gioielli che avete in cassaforte. Allora perché i gioielli li nascondete ed il vostro corpo lo regalate? Fatevi questa domanda e riflettete sulle mie parole, poi ovviamente ognuno vede la vita a modo suo ed è libero di agire come vuole. Allontanatevi da chi vi vede solo come oggetto di passione e da chi vi dimostra che vi vuole sessualmente perché all'inizio sarà pure bello ma poi si pagano tutti i conti alla fine, quando scoprite che chi agisce in questo modo non ha un cuore e vi distrugge depositandovi come un oggetto ormai usato e di cui ci si è stancati. Non credete io sia pesante, sono solo realista.

Capitolo 4

Evitare le persone superficiali

Sei certa della tua bellezza ma non ti accorgi della tua superficialità

Cosa intendo io per persone superficiali:

1) **Persone che si attaccano ai beni materiali, che si mostrano sempre sicure di sé e che ostentano la propria ricchezza:** Chi è davvero ricco ha un tesoro interiore e tende sempre ad aiutare gli altri non a sminuirli. Su questo punto voglio portarvi l'esempio di colei che mi ha scelto: vi dico così perché all'inizio del nostro rapporto mi ripeteva spesso di avermi scelto, come a dire tu sei il mio amore e non desidero altro al mondo. Lei ha una ricchezza interiore che non immaginate e si fa in quattro per aiutare le persone. In questo momento di quarantena ha organizzato una raccolta di cibo sfidando il Covid-19 e lo sta distribuendo alle famiglie i quali padri lavoravano in nero e non stanno percependo stipendio o sovvenzioni. La cosa che più mi stupisce di lei è che lo fa come se per lei fosse un dovere, nonostante frequenti una facoltà dove bisogna studiare tanto. Mi disse che non poteva stare ferma dinanzi a queste mamme che si lamentavano perché i loro bambini non bevevano il latte da giorni, parlò col suo parroco e cominciò a raccogliere e a donare con gioia come ci insegna nostro Signore. I suoi amici e suo fratello le hanno dato una mano a svolgere

tutto il lavoro. Queste sono persone ricche non chi ha tanto danaro ma è avido. Una persona intelligente, poche volte si sente veramente sicura nelle situazioni della vita o addirittura mai, anche se addosso mette 2000 euro di vestiti. Le persone superficiali sono talvolta anche molto intelligenti ma offuscate ormai dalla loro voglia di mostrarsi, dovuta alle tante esperienze di vita che hanno avuto in passato e che vogliono avere in futuro. Cercano di ostentare il lusso nella vita e sui social e tendono a spendere ingenti cifre di danaro solo perché altre persone, superficiali come loro ma meno abbienti, possano osannarle.

Io non ho nulla contro chi si comporta in questo modo ma penso che si dovrebbe cercare una persona per quello che si è realmente e non per quello che si ha in banca. Ergo, se una persona vuole solo fare esperienza, molto difficilmente si innamorerà davvero di voi e molto difficilmente resterà per sempre al vostro fianco.
P.s. Ricordatevi di osannare sempre e solo Dio.

2) **Persone che guardano solo il lato estetico e non fanno altro che annotarvi i difetti nonostante anche loro ne siano colme.** Parliamoci chiaro: a parte qualche raro caso, nessuno è perfetto. Se guardo in modo obiettivo anche la persona che amo ha tanti difetti ma io

nemmeno li vedo perché la amo e perché mi basta vederla sorridere per cambiare stato d'animo.
Tutti guardiamo in primis il lato estetico, sarei un ipocrita a negare l'evidenza, ma esistono persone che non si fermano solo a quello e persone che non fanno altro che pensare a quello. Io ad esempio guardo molto il viso ed il sorriso, anche se sono molto attratto da un bel seno. E qui vi confermo il luogo comune che dice che un uomo quando vede un bel seno perde la testa. Tuttavia però una ragazza deve riuscire a prendermi anche cerebralmente e ad un certo punto, avere un bel seno non basta. Quanti bei ragazzi e belle ragazze ci sono in giro, e poi appena aprono bocca ci cadono come un frutto marcio dinanzi ai piedi. Attenzione non sto parlando di cultura ma di intelligenza e le due cose non sempre vanno a braccetto. Una persona che realmente si vuole innamorare si fa tanti di quei problemi che gli altri nemmeno immaginano ed è sempre circondata da persone che le dicono di buttarsi, che la vita è una sola, che se continuerà così rimarrà sempre sola, ecc.
Non vi curate di loro perché solo voi sapete cos'è giusto per il vostro cuore.
Le persone che invece guardano solo il lato estetico, si tuffano appena vedono un bel seno, un bel sedere, addominali scolpiti o altre belle caratteristiche che una persona può avere, senza nemmeno guardare altre cose, almeno prima di esserci andati a letto, tanto è quello il loro obiettivo. E qui torna prepotente la differenza tra darsi e donarsi miei cari lettori.

3) **Persone attaccate a vizi:** che possano essere attaccate al danaro, alle droghe, all'alcol o ad altre cose sarete sempre messi in secondo piano. È brutto ammetterlo ma oggi molte persone mettono cose materiali dinanzi agli affetti provocando così crepe che mai saranno risanate nei rapporti coi propri cari, talvolta anche coi figli che sono sangue del loro sangue. Agiscono spesso in modo violento poiché le catene a cui si sono legati non fanno altro che iniettare stress psicologico e purtroppo questo non è amore e per quanto la nostra indole voglia cercare di aiutarli, nella maggior parte dei casi queste persone non cambieranno. Ecco perché tendo a fare per me un discorso preventivo ed egoistico per raggiungere la mia felicità e per trovare una persona che non mi faccia mai del male per seguire uno stupido vizio.
Non mi sono mai sentito però di giudicare queste persone, anche perché l'unico che potrà farlo sarà il nostro Signore. Ed in questo caso vi consiglio di guardare bene al cuore di chi avete avanti. Le persone possono cambiare, anche se molto molto di rado. In questo caso non mi sento di poter dare consigli, quindi ascoltate il vostro cuore, ma se vedete atti di violenza o altro che possa farvi del male, allontanatevi immediatamente, visto che chi fa queste cose non merita compassione.

4) **Persone poco umili:** l'umiltà secondo il mio modo di vedere è una delle caratteristiche principali delle belle persone. Mi piacciono quelle persone che sanno tutto e che al contempo sanno di non sapere nulla in confronto alla vastità di cose che c'è da apprendere. Intendo per

umiltà però la capacità di saper tenere la persona che si è scelti nonostante si presenti in futuro una persona esteriormente migliore. Perché questo discorso? Pensate ai fidanzati o ai mariti e padri che tradiscono e poi si ritrovano innamorati di un'altra persona. Non fanno altro che distruggere prima la propria famiglia e poi sé stessi. Questo discorso vale per entrambi i sessi ovviamente. Pensate ad un bambino che vede il padre allontanarsi all'improvviso e disconoscerlo come si possa sentire rinnegato e non amato. Questo è solo uno dei tanti esempi che si potrebbero fare e si allaccia al prossimo punto. Umiltà è essere sempre pronti ad aiutare gli altri, l'essere sempre felici nonostante quello che ci manca, l'essere coscienti del fatto che non possiamo avere tutto dalla vita. Le limitazioni nascono anche per farci capire che se avessimo sempre tutto non sapremmo poi apprezzare quello che abbiamo ottenuto coi nostri sacrifici. Ecco perché penso che se una persona va a letto con tante altre persone poi perde il valore del sesso e dell'amore, perché poi non gli da più il giusto peso e finisce con lo stancarsi appena passa la passione e noi non vogliamo questo, noi vogliamo vivere nell'amore ed essere veramente felici.

5) **Persone egoiste:** egoismo e poca umiltà secondo me vanno sempre a braccetto. Chi è egoista spesso si crede migliore di ciò che è realmente e tende a riflettere questo suo credersi superiore anche nei rapporti con gli altri. Pensa che lui sia la persona più importante e tratta gli altri come esseri inferiori. Amare significa trattare il

proprio partner meglio di come tratti te stesso, non dimenticatelo mai. Le persone egoiste spesso tradiscono, lasciano a casa l'altra persona di Sabato per uscire con gli amici, inventano bugie e chi più ne ha più ne metta. Queste sono persone da evitare categoricamente perché è vero che in amore non si deve chiedere nulla in cambio ma si ha comunque il bisogno di essere messi al primo posto, davanti a tutto e tutti. Chi ama veramente così agisce.

6) **Persone bugiarde:** qua ci sarebbe da dire un'infinità di cose e so che tu che sti leggendo hai pensato la stessa cosa. Mi limito a dirvi che è una malattia e che le persone bugiarde non smetteranno mai di mentire. Non ce la farei mai a stare con una persona così, mi dispiace. Le persone bugiarde sono quelle che mentono su tutto, anche sulla minima cosa. Non ho mai capito il perché di questo vizio ma nei miei anni ne ho conosciute davvero tante di persone così. Non parlo di persone false ma di persone bugiarde e la differenza è enorme, perché le seconde talvolta lo fanno senza nemmeno accorgersene e senza malizia, ma volete passare davvero una vita a mettere in dubbio tutto ciò che vi viene detto? Io proprio no!

7) **Persone che tradiscono i propri partner:** vi faccio adesso l'esempio di poca umiltà, egoismo e menzogna: i traditori. La cosa che più mi fa ridere di loro è che se lo facessero i propri partner li ammazzerebbero però se lo fanno loro non fa nulla perché in fondo è solo sesso ah ah ah. Mi viene da ridere perché questo è tutto

fuorchè amore. Ho sempre visto chi tradisce come una persona infima perché non so come facciano a dire di amare una persona ed a starci a letto insieme dopo essere stati con altre persone, anche solo per una volta. Dov'è finita la loro coscienza? Evitate ste persone per favore! Se vi si avvicina una persona che vi piace e venite a sapere sia fidanzata lasciate stare subito, perché come sta tradendo la propria partner con voi lo farebbe anche se diventaste voi la partner, le favole non esistono. Questo problema può essere evitato facendo aspettare la persona prima di concedersi. Di solito chi vuole solo quello se vede che c'è da perder tempo se ne va e vi lascia in pace. Evitate queste persone!

8) **Persone che si vantano di quello che hanno:** Queste persone sono un misto tra i poco umili e quelli che ostentano la propria ricchezza. Non mi sento di dirvi di evitarle, anche perché di solito lo fanno proprio per essere accettate. Ma la differenza tra loro ed i due casi prima citati può essere davvero minima, quindi guardatevi bene le vostre cose prima di tuffarvi. Una persona ricca non si vanta di quello che ha ma utilizza i propri mezzi per aiutare le altre persone, anche risorse economiche se gli è permesso. I ricchi sono coloro che danno consigli, supporto e amore agli altri e che non lo dicono per vantarsene, anzi, stanno in silenzio ed amano il prossimo come loro stessi.

9) **Persone che parlano sempre e solo di ricchezza:** Io penso che si possa capire la tipologia di una persona anche basandosi sui discorsi che fa. Se una persona non

fa altro che parlare di borse che ha, telefonino, vacanze che si è fatto e che si farà, auto ecc. non penso sia una persona poi tanto profonda. Ovviamente la cosa non vale per tutti ma penso valga per la maggior parte dei casi. La ricchezza materiale ormai è diventata qualcosa a cui tutti aspirano. Basta guardare i social e vedere come tutti i ricchi fingono di essere felici grazie ai soldi ma io mi accorgo spesso dai loro occhi che si sentono soli e che gli manca qualcosa di importante. E se vi dicessi che la vera via per la felicità è liberarsi da questa concezione? Ne parleremo in un capitolo a parte.

10) **Persone poco saggie:** sono le persone che agiscono senza pensare e che fanno del male senza rendersene conto nell'immediato. Magari poi si pentono ma comunque lasciano una scia di dolore dopo il loro passaggio. Sono coloro che subito si tuffano in nuove avventure, senza pensare a cosa potrà accadere: ad esempio fanno uso inappropriato dei social o delle chat di incontri senza considerare il fatto che potrebbero ritrovarsi in situazioni spiacevoli.

Vi ho fatto solo 10 esempi di persone che secondo me dovrebbero essere evitate da chi ha un cuore fragile. Ovviamente ho scritto cose gravi e meno gravi, ed osservare questo mio consiglio comporterebbe il rimanere quasi soli. Tuttavia vi dico di pensare in primis a voi ed al vostro carattere. Se ad esempio siete persone dall'innamoramento facile, vi consiglio di evitare approcci con questa tipologia di persone che, a mio avviso, possono solo farvi del male. Se invece siete più diffidenti e difficili da convincere, potete interagire con loro, ricavandone talvolta anche insegnamenti produttivi per voi stessi e per il vostro essere. Ricordate però sempre questo passo della Bibbia:

Più di ogni altra cosa degna di cura, custodisci il tuo cuore, perché da esso sgorga la vita.
Proverbi 4:23

La vita è fatta di cose belle come la felicità, l'amore, le giornate spensierate. Eppure ci sono persone che queste cose nemmeno le apprezzano, anzi, passano le loro giornate pensando ai propri interessi. Magari pensando a come fare per avere ancora più soldi o a chi far accaparrare i figli perché abbiano una vita agiata e si possano permettere di andare in vacanza 3/4 volte all'anno ma alla fine cosa vi ritroverete? Soltanto il male fatto alle persone che vi erano care e quando un giorno avrete bisogno di persone che vi amano davvero non avrete nessuno perché vi sarete circondati solo di facce false ed opportuniste come la vostra. E sarà all'ora che chinerete il capo e capirete di aver sbagliato tutto nella vita e che l'amore trionfa su tutto a differenza degli interessi.

Riconosciamo in modo preventivo le persone superficiali, in modo da allontanarci ancor prima dell'inizio del nostro sentimento, evitando il problema a monte, visto che se ci si invaghisce poi è davvero difficile non tuffarsi e farsi CONSAPEVOLMENTE del male.

Capitolo 5

Le situazioni di tempesta

Alcune cose che fai non hanno senso: tipo quando fingi di stare bene ed in realtà vorresti che qualcuno ti aiutasse. Come fanno le persone a sostenerti se continui ad affermare di stare bene?
Non ti vergognare, tutti prima o poi sono stati male e tutti hanno avuto bisogno di aiuto, soprattutto chi cerca di darti una mano senza fartene accorgere.

Quello che vi voglio suggerire in questo capitolo è che assolutamente non dovete sprecare le situazioni di tempesta. E credetemi che se vi trovate in un brutto periodo e state leggendo questo libro non è un caso, la stesura stessa di questo testo non è un caso e niente nella vita accade per caso. Iniziamo ad affrontare la tempesta con una nuova forza che sappiamo di avere ma che non riusciamo a tirare fuori, forse perché pensiamo che senza quella persona la nostra vita non abbia più un senso. Che sia una mamma passata a miglior vita, uno zio a cui tenevamo davvero tanto o un fidanzato che ci ha abbandonate da un giorno all'altro. Che siano problemi economici o di qualsiasi altro genere. Noi abbiamo i mezzi per superare tutto quello che ci capita e non dobbiamo abbatterci ma imparare a danzare nella tempesta, domandola e traendone insegnamento per la nostra vita futura.
          Quindi:

Impariamo a danzare nella Tempesta!

Tramutiamo il dolore in opportunità di crescita ed usiamolo in modo positivo aiutando gli altri che sono in difficoltà, anche se non ce lo chiedono. Quante volte avremmo voluto qualcuno che ci aiutasse nei momenti in cui stiamo davvero male e invece vediamo tutti intorno a noi occupati e presi dalle loro vite. Li vediamo correre per prendere treni che mai arriveranno in orario e battersi per riuscire ad accumulare danaro. Non sto dicendo questo sia sbagliato ma ognuno di loro, anche se non sembra, è stato male in un periodo della sua vita e non è stato aiutato da nessuno e vedeva tutti correre come li vedevamo noi quando stavamo male. Si è convinto che è da soli che si va avanti e se vede qualcuno in difficoltà pensa che se ce l'ha fatta lui ce la possono fare tutti, SBAGLIATISSIMO!. Ci sono persone più fragili che hanno davvero bisogno di una mano, perché le persone sensibili vivono tutto in modo amplificato ed io ne sono la testimonianza. Iniziamo a dare una mano agli altri in qualsiasi modo. Non potete immaginare la gioia che si prova quando qualcuno sorride ed è felice grazie ad un nostro gesto, non immaginate quanto sia bello ricevere un abbraccio a cuore aperto da una persona a cui si è fatto del bene. A cosa ci servono i beni materiali quando un grazie può provocare una felicità maggiore?

Einstein diceva:
"se io ho un'idea e tu hai un'idea e ce le teniamo per noi, avremo entrambi un'idea. Invece se io ho un'idea e tu hai un'idea e ce le scambiamo, avremo entrambi due idee."

Io applico questo concetto alla felicità: perché se io sono felice e riesco a rendere felice un'altra persona saremo entrambi felici e la mia felicità si moltiplicherà grazie alla felicità dell'altro che a sua volta vorrà fare esperienza della felicità provocata negli altri e così si creeranno grandi catene di idee per essere e per rendere felici le persone. Non è una cosa bellissima?

Vi suggerisco di iniziare a spendere un po' della vostra vita anche per aiutare la vecchietta della porta accanto che magari non ha nessuno che le faccia compagnia o il vicino che non ha chi gli porga un piatto di pasta o di brodo caldo e si vergogna di chiedere una mano. Aiutiamo con gioia chi si trova in difficoltà traendo beneficio dalle situazioni in cui ci siamo sentiti soli.

Un altro suggerimento è quello di smetterla di lamentarci per quello che non abbiamo o che i nostri genitori non ci hanno dato: ci sono persone che nemmeno li hanno avuti i genitori e noi li rinneghiamo solo perché a nostro dire agiscono in modo sbagliato. Ma chi siamo noi per giudicare chi ci ha donato la vita? Sono sicuro che i vostri genitori vi stanno dando la possibilità di studiare e questa, anche se prevista dalla legge, non è assolutamente una cosa scontata. I genitori fanno tanti sacrifici per i loro figli e sarebbe giusto noi li rendessimo fieri, cercando di non prendere strade cattive e di rigare dritto, studiare, trovare un lavoro ed una persona con cui condividere la vita, cosa c'è di più bello?!? Le persone che inseguono altro non saranno mai felici e di questo ne sono più che certo. Potete andarvi a leggere la vita di tanti personaggi famosi che hanno scelto di inseguire una vita mondana piuttosto che coronare il sogno di una famiglia. Leggete e vedrete se ho ragione.
Ci sono alcuni genitori che non sono proprio esemplari, è vero, vi do ragione ma nutrire odio verso di loro non ci porta altro che dolore. Vi suggerisco di provare a perdonarli, anche se non sono ancora cambiati o sono in procinto di farlo. Anche dai loro sbagli possiamo trarre beneficio e non commettere i loro

stessi errori con i nostri partner e con i nostri figli. Tanto alla fine gli sbagli che si commettono sono tutti dovuti a catene a cui loro si legano e da cui non riusciranno poi facilmente a slegarsi.

Passiamo l'80% della nostra vita a chiederci cosa ci manca, senza saperci godere quello che abbiamo. Smettiamola di lamentarci continuamente ed inseguiamo la felicità!

Smettiamola di pensare a quel pantalone che mai indosseremo perché per noi costa troppo ed iniziamo a pensare a chi è costretto su una sedia a rotelle dalla nascita o dopo qualche incidente, pensiamo a chi ha dovuto vedersi amputare una gamba o entrambe ed ha dovuto reiventarsi vedendosi crollare il mondo addosso. Smettiamola di pensare a quel telefono che tutti hanno e che costa un occhio della testa, perché ci sono persone che vivono senza una mano o che nemmeno hanno la possibilità di udire il dolce suono degli uccelli alle prime luci dell'alba o che con quei soldi ci devono vivere un mese. Smettiamola di pensare a cosa non abbiamo e godiamo di noi stessi perché, se ci pensate bene, è solo di noi stessi e di persone che ci amino che abbiamo bisogno.
Vi sto facendo un po' il discorso che ci facevano da piccoli le nostre mamme quando non volevamo mangiare. Loro ci dicevano che c'erano bambini in Africa che avrebbero dato la vita per quel piatto e noi lo stavamo rifiutando. Io rispondevo che non me ne fregava dei bambini in Africa e che col cacchio avrei mangiato quella pasta coi fagioli e scommetto che anche molti di voi rispondevano così ma a quei tempi avevo solo 6 anni e non capivo il valore della vita e delle cose, adesso siamo cresciuti e dobbiamo progredire e non restare con quella mentalità egoistica.

Quando ero bambino, parlavo da bambino, pensavo da bambino, ragionavo da bambino. Ma, divenuto un uomo ciò che ero da bambino l'ho abbandonato.
Corinzi 13, 11

Bisogna approfittare delle situazioni di tempesta per vedere chi ci sta realmente vicino: fino a quando possiamo offrire qualcosa ci sono tutti amici, a parole... gli amici veri, invece, sono quelli che nel momento del bisogno cercano di aiutarci in tutti i modi, anche se non gliene offri la possibilità e soprattutto senza volere nulla in cambio.
Se mi volto indietro e guardo a due anni fa vedo un me letteralmente distrutto, un me che non aveva più voglia di sorridere. Per fortuna che esistono gli amici, quelli veri e che esiste Dio. Dico per fortuna perché mi sono reso conto che mi ha contornato di persone che mi hanno aiutato in tutti i modi, talvolta, senza nemmeno farmelo notare. Credo di aver vissuto il periodo più brutto della mia vita e credetemi che ne avevo già vissuti di periodi di lutti e di abbandoni vari ma questo mi aveva segnato in modo particolare, lasciandomi in ginocchio dinanzi alla vita. Ne ho approfittato però ed ho dato un peso maggiore alle amicizie nate da bambini, quelle che durano ormai da più di vent'anni e che mi hanno ascoltato per ore mentre mi sfogavo e giravo in auto, ho dato un peso maggiore anche alla fede in Dio che mi ha aiutato quando gliel'ho chiesto e mi ha riportato in vita ed all'Amore, quello che ti fa battere il cuore, quello che non ti uccide ma che ucciderebbe per te.
La prima cosa che ho dovuto fare per essere felice è stato perdonare tutto il dolore che mi avevano causato: ho sentito le persone interessate, ci ho parlato e ho detto loro che ero felice e che auguravo tutto il bene del mondo. Così facendo mi sono rimasti solo i bei momenti insieme e tutto il male reciproco è stato cancellato. Penso sia meglio ricordare le persone

stendendo un velo sulle cose brutte, perché portare odio significa dare ancora importanza a chi vi ha fatto del male e chi ha avuto il coraggio di lasciarvi per terra non merita nemmeno la più minima considerazione.

"Sono felice se tu sei felice e lo sono ancora di più perché te ne sei andato e adesso non soffro più per i tuoi errori" Ecco cosa dobbiamo dire a chi ha scelto di perderci, augurandogli tutto il bene e la felicità del mondo dal profondo del nostro cuore. Non dobbiamo essere tristi, tanto troveremo chi ci saprà amare, siatene certi.

Capitolo 6

I momenti di Crisi

La solitudine non mi ha mai fatto paura, anzi, ho passato 3/4 della mia vita chiuso in quattro mura con due cuffiette nelle orecchie ed una penna in mano.
La mia paura era quella di non essere compreso: dai miei genitori che nel mio sogno non ci credevano, dai miei amici che all'inizio per gioco mi prendevano in giro o dalle altre persone che promettevano che mai mi avrebbero fatto del male e che poi hanno scelto di distruggermi.
Ricordo che ad un certo punto la mia mano era troppo lenta per scrivere le cose che non dicevo e per forza di cose dovetti passare a scrivere al computer. Ero molto più veloce e non vedevo l'ora di mettere nero su bianco i miei pensieri.
Cominciai a scrivere e ci misi un bel po' a finire il mio primo libro, lo rilessi e pensai che faceva vomitare. Così lo lasciai da parte e scrissi "Avrei voluto dirti almeno un... ciao!" In contemporanea con "Ancora ti aspetto!". Il secondo sopracitato non mi piaceva e così decisi di rivederlo decine di volte fino a quando mi sembrò perfetto.
Questa quarantena mi ha chiarito tanto le idee e mi ha fatto capire che in questo momento non ho più quella paura, perché ho trovato una ragazza che finalmente mi comprende e perché ho trovato voi che siete per me di vitale importanza e che non mi fate sentire strano come spesso sono stato definito.

In cinese la parola "Crisi" si scrive con due ideogrammi:

Rischio   Opportunità

È così che ho sempre visto le situazioni di crisi, ovvero quei momenti della vita in cui ti senti come un'auto in panne. Credo che tutti prima o poi si siano trovati in situazioni di stallo, almeno io ne ho avute decine e chi non ne ha mai avute ha solo deciso di evitarle e di conseguenza di non crescere.
Quando frequentavo il corso di Marketing all'università mi fu insegnato che un'Azienda può avere punti di forza e punti di debolezza, in inglese: Strengths or Weakness
Mi è stato insegnato che la medesima Azienda, per produrre ricchezza, ha bisogno di trasformare i punti di debolezza in punti di forza cambiando la concezione dei consumatori e mutandola da situazione di rischio in situazione di opportunità.
Vi faccio un esempio che mi fu fatto dal mio professore di Economia Azienda e che mi è rimasto impresso: tutti in casa abbiamo dei post-it e chi non li ha in un periodo della sua vita li ha avuti. Adesso vi dico che i post-it sono nati da un'idea sbagliata o meglio da una invenzione sbagliata di Spencer Silver poiché era stato incaricato di creare una supercolla per la "3M" Azienda che poi in futuro ha commercializzato i post-it. Questa colla avrebbe dovuto tenere in modo saldo qualsiasi cosa. Non devo essere io a dirvi che praticamente la colla dei post-it non è capace quasi nemmeno di tenerli attaccati al frigo, così il loro inventore decise di inventarsi qualcosa che gli avrebbe evitato il licenziamento e non avendo tempo per sperimentare una nuova colla decise di proporre l'idea ad un suo collega. Arthur Fry ebbe subito l'intuizione giusta: cantava nel coro della sua parrocchia e durante le prove in Chiesa perdeva spesso il segno visti gli spifferi di vento che gli facevano volare tutti i foglietti colorati che aveva messo

come segno per i canti. Ecco perché a Fry venne in mente l'idea geniale che avrebbe cambiato la loro vita. Se avesse usato la colla del suo collega per attaccare i fogliettini alle pagine dei libri non avrebbe più avuto il problema degli spifferi ed avrebbe potuto tenere il tutto in modo saldo senza perdere mai il segno. Inoltre si accorse che questa semi-colla non lasciava tracce e quindi era l'ideale per il suo progetto di attaccare e riattaccare fogliettini nel suo libro dei canti. Ragazzi parliamo di un'invenzione degli anni 60 e potete capire che a quei tempi le persone che appuntavano cose su fogliettini di carta erano poche e l'Azienda non credette subito nel progetto ma loro non si arresero e ne produssero una piccola quantità in un garage regalandoli ai dirigenti che dopo poco rimasero esterrefatti dalla loro praticità e decisero di commercializzarli in tutto il mondo. Un'altra storia simile e bellissima è quella di CocaCola ma spero già la conosciate, se così non fosse cercatela su internet.

Perché vi racconto questa fantastica storia? Ho sempre visto noi stessi come dei produttori di ricchezza, proprio come le Aziende. Solo che noi a differenza di queste ultime ci sentiamo appagati se produciamo felicità; ed ormai sapete che per me la vera felicità si sente solo quando si è amati. La felicità non viene a cercarci, soprattutto se ci mettiamo a letto a piangere mentre ascoltiamo canzoni tristi, quello aiuta ma dopo un po' bisogna reagire e se diamo spazio a quella parte di noi che al mattino non ce la fa ad alzarsi siamo fritti.

Quando ti manca qualcuno hai un senso di angoscia e fa male, lo so. Senti dolore allo stomaco, al petto, non hai fame e manderesti tutti a quel Paese. Poi tutto quello che vedi ti ricorda quella persona che per te è stata e forse è ancora davvero importante. Ma se quella persona ha scelto o è stata costretta ad andare via ci sarà un motivo…

Cammini per strada e vorresti farlo tenendole la mano, pronunci una frase e ti accorgi che fa parte del suo lessico, e se vedi un qualcosa di bello vorresti farglielo vedere come hai sempre fatto ma purtroppo non puoi perché ha deciso di lasciarti andare.

Ricorda: Le persone possono farti del male solo fino a quando glielo concedi!

Tutti ti dicono che andrà bene, che col tempo passerà e che andrai avanti ma a te sembra solo di sprofondare. Lo so perché l'ho vissuto sulla mia pelle e purtroppo non solo una volta ma ringrazio Dio nonostante tutto anche per le mie sofferenze, perché sono state proprio queste ultime a farmi divenire la persona che sono.
I momenti di crisi per me sono stati molto importanti perché ho imparato a distinguere chi c'era da chi non c'era, anche se gran parte di questi li ho passati da solo in una camera a riflettere su me stesso e sui miei errori ed anche se sono stato per molto tempo in depressione senza che nessuno se ne accorgesse. La cosa bella è che lo sapevo ma non lo davo a vedere e non chiedevo aiuto a nessuno se non a Dio.
Secondo voi perché nei capitoli precedenti ho parlato tanto di diminuzione delle situazioni di stress fisico e psicologico? Io ho sfruttato i miei momenti di crisi per capire quale era il modo giusto per uscirne illesi e quale era il momento giusto per compiere di nuovo il passo: cioè dare fiducia ad un'altra persona; quest'ultimo non l'ho deciso io ma Dio e lo vedrete più avanti, nel frattempo vi parlo in modo più accurato dello stress e del perché bisogna evitarlo. Partirei dalle malattie che possono insorgere in chi conduce una vita molto stressante e crede di essere in grado di mantenere questi ritmi per sempre.

Un uomo o una donna che durante il giorno non si fermano mai, in realtà non fanno altro che provocarsi del male fisico ed emotivo che col tempo potrebbero portarli a problemi cardiaci, obesità o depressione e la cosa più disarmante è che, una volta dentro, non ci si accorge di essere entrati in un circolo vizioso che sfrutta la nostra poca capacità di autocontrollo per abbassare il livello di serotonina (la molecola che controlla l'umore) e per innalzare il cortisolo (l'ormone dello stress) che ti fa sembrare che tutto ciò che vorresti fare sia molto più faticoso. Come possiamo fare per abbassare il cortisolo? Curare il più possibile l'apparato cardiovascolare facendo attività fisica e cibandosi in modo sano. L'innalzamento del cortisolo porta alla perdita della lucidità, al danneggiamento della memoria, e riduce la massa magra introducendo nel nostro organismo massa grassa. A tutto questo si aggiunge la voglia di restare a casa per trovare riposo ma avendo il cellulare in mano non facciamo altro che continuare a stressare il nostro cervello, inviandogli continui input. Pensiamo che stiamo riposando perché troviamo un qualcosa di interessante e perché siamo adagiati sul letto o sul divano ma se andiamo a guardare la realtà non facciamo altro che prenderci in giro poiché il cervello continua a lavorare ancora ed ancora, stressandoci e portandoci alla voglia di mangiare dolci e ad un conseguente aumento della glicemia e della massa grassa.
La gestione dello stress è importantissima anche nei rapporti che si stringono: se siamo sempre stressati tenderemo a rispondere sempre in modo cattivo e ad allontanare da noi le persone che ci vogliono bene, ritrovandoci poi in una situazione di solitudine che ci porterà all'autoconvinzione che siamo sbagliati o che abbiamo un brutto carattere quando in realtà siamo solo stressati.

Dobbiamo quindi andare a lavorare non solo su questo ma su tutti quelli che sono gli aspetti che secondo i nostri cari e non secondo noi stessi andrebbero migliorati.

Un esercizio utile da fare sarebbe quello di chiedere agli amici più stretti o ai parenti quali sono secondo loro gli angoli che andrebbero smussati per diventare delle persone migliori. Attenzione non vi sto dicendo ci cambiare il vostro carattere ma di mutarlo quel poco che basta per dimostrare a noi stessi e agli altri che siamo persone con cui costruire solide fondamenta per un rapporto futuro.

Capitolo 7

Siate sempre pronti a donare un sorriso!

La prima cosa che farò finita questa quarantena sarà una lunga passeggiata, magari mano nella mano con lei che mi manca davvero tanto.
Poi credo che andrò a mangiare una pizza, in un posto dove davvero mi piace, senza sperimentare altri posti per poi restarci male per qualcosa che secondo me non va.
Anche la pizza mi manca: quella napoletana e non quella gourmet che oggi va tanto di moda.
Ho bisogno solo di una bella pizza margherita e di passeggiare con lei che mi sorride per via dei tribunali, tutto il resto non mi serve e fa solo da contorno.
Ora che abbiamo capito che il vivere in modo sereno è di vitale importanza, iniziamo a concepire il fatto che bisogna rendere felici anche gli altri e fidatevi che non è poi tanto difficile e che non c'è cosa più bella. Questo lo faremo non solo per gli altri ma anche per noi stessi, visto che una persona sempre triste è difficile possa attrarre a sé altre persone. Partiamo dal presupposto che anche chi vi si interfaccia ha problemi, forse anche più importanti dei vostri e che cerca un qualcuno che possa aiutarlo a superarli anche se non lo ammette e non lo dice. Quindi affrontate le giornate sempre col sorriso in modo da donare ed attrarre positività e da risultare più appetibili a chi è in cerca di una persona per la vita.
Bisogna vedere le cose sempre dal lato positivo, vedere sempre il bicchiere mezzo pieno, come si suol dire.
Qualche giorno fa ho aperto un dibattito sulla mia pagina ed ho chiesto alle mie lettrici cosa guardassero in un uomo a primo

impatto. Mi sono accorto tramite quel sondaggio del perché sin da bambino le mie amiche o altre ragazze continuavano a dirmi che avevo un bellissimo sorriso e che il mio stesso sorriso era contagioso per gli altri. Dio lo ha usato ed ancora lo usa per portare un po' di armonia nella vita delle persone che mi sono accanto e di questo ne sono davvero felice ed orgoglioso. Non lo sappiamo ma il nostro sorriso è un'arma contro il male e contro chi vorrebbe farci del male ma attenzione non conta il sorriso falso di chi fa finta solo per provocare invidia negli altri, anzi, quello si vede lontano un miglio sia costruito. Ci vogliono sorrisi sinceri di persone che hanno imparato a stare bene con sé stesse e che hanno concepito il fatto che la materialità non porta alla felicità.

Nella visione comune una persona per essere felice deve avere una bella auto, una bella casa con la piscina, un bel fisico e chi più ne ha più ne metta ma la realtà è che la vera via per la felicità è la tranquillità, la pace e la verità ed io queste tre caratteristiche le ho trovate solo nel momento in cui ho aperto il mio cuore a Dio. Aprire il proprio cuore a Dio significa non aver più paura di ciò che ci può accadere, perché si è coscienti del fatto che seppure qualcosa dovesse andare storto lui ci sarà sempre e sarà sempre pronto ad indirizzarci verso la giusta via. Una volta che si è raggiunta una pace interiore tramite l'apertura del proprio cuore a Dio non solo si inizia a concepire il vero amore e la vera felicità ma si inizia anche a capire che non siamo fatti per stare da soli o in poligamia ma che lui ci ha creati per formare delle famiglie che rivengono dal suo amore; e credetemi che in un rapporto nato dall'amore di Dio è tutto molto diverso: tutto molto più forte e gratificante. Ve lo dico perché l'ho provato io sulla mia pelle e a fine libro ne avrete la testimonianza vera.

Dicevo ad inizio capitolo che non bisogna essere tristi perché le persone che sorridono e che sono felici sono molto più attraenti e a questo aggiungo che chi è felice in Dio sarà sempre felice nonostante le batoste e le cadute che sono sempre dietro l'angolo. Molte persone sostengono che non esistano il bene ed il male e che Dio sia solo un'invenzione terrena per consolarsi dopo le cose brutte che ci succedono. Queste persone mi sanno tanto di quelle che dicono che la cipolla fa schifo non avendola mai mangiata. Anche io da piccolo non volevo mangiare la cipolla, è usanza comune tra i piccini ma quando crebbi mia mamma mi chiese di assaggiare una frittata di cipolle e poi di esprimere la mia opinione. Quella frittata era buonissima e da quel giorno ho 'Imparato' a mangiare la cipolla.

Nella Bibbia Gesù dice: *"Il mio popolo perirà per mancanza di conoscenza"* Queste parole a me hanno colpito tanto perché guardandomi indietro mi rendo conto che tutti gli errori che ho fatto, intendo quelli gravi, sono stati dovuti proprio al mio voler fare tutto da solo senza interpellare Dio. In questo momento mai mi sognerei di mettere a rischio la mia vita in alcun modo perché più si è vicini a Dio più si segue la via giusta e più si è sereni e felici.

Non vi sto dicendo di avvicinarvi, anche se a me farebbe molto piacere lo faceste, vi sto semplicemente chiedendo di dargli una possibilità. Se in questo momento state male per qualcosa in particolare, se avete ferite recenti o passate che non riuscite a far rimarginare, offrite a lui tutto il vostro dolore e lui vi ricolmerà con pace e amore. Ovviamente ci vorrà un po' di tempo, perché i tempi di Dio sono diversi dai nostri, visto che lui conosce tutto ciò che ci capiterà ma credetemi che se affiderete a lui la vostra vita la stravolgerà e ne farà un capolavoro. Solo nel momento in cui si concepisce il fatto che non ci serve altro che l'amore di Dio si diventa davvero felici e ci si libera di tutte quelle catene che possono essere materialità, avarizia, gioco d'azzardo, sesso sfrenato, droghe, violenza e tanto altro. Solo nel momento in cui non si desidera altro che essere amati dal proprio padre ci si libera di tutto ciò e si diventa persone libere e che sanno stare bene anche da sole nell'amore di Dio. Non da sole come si sta oggi solo per andare a letto con tutti con la scusa che si è single e si può fare ciò che si vuole, quello non è stare da soli ma essere malati di sesso sfrenato. Perché Dio non vi impone nulla ma vorrebbe voi faceste l'amore e non il sesso.

Capitolo 8

Mettiamo un piccolo seme nel cuore degli altri

Se ci pensate viviamo in mondo pieno zeppo di luci e colori, tutto messo al punto giusto per deviare la nostra mente e portarci a consumare e a spendere il danaro che con fatica ci siamo guadagnati. Viviamo in un mondo che ha perso di vista le cose essenziali: corriamo e sbraitiamo per ottenere qualcosa che non ci serve ma che dobbiamo avere perché l'hanno comprato tutti.
Basta indossare le scarpe degli altri, basta percorrere sentieri sbagliati!
Vi auguro una persona che vi faccia credere di nuovo nei sentimenti, che vi porti a camminare lungo il perimetro del vostro cuore e che vi dica: "Ti amo" mentre ci state facendo l'amore.

Vi chiedo adesso un segno che ci aiuterà a capire tanto dell'amore e di come prendersi cura dell'altro:
Prendete un qualsiasi frutto che avete in casa e ricavatene i semi, io prenderò una ciliegia. Pulite bene il seme e liberatelo dall'involucro che ha attorno aiutandovi con delle pinze (Se siete piccole fatevi aiutare da un vostro genitore). Ora mettete i semi che si trovano all'interno in un fazzolettino di carta biodegradabile, spruzzateci sopra un po' d'acqua e riponeteli in un recipiente chiuso in frigo nello scomparto della frutta. Andate a controllare ogni ¾ giorni e quando avrete visto il seme germinare prendete un piccolo vaso con del terriccio universale e poggiate il seme all'interno. Poi ricopritelo con un altro mezzo centimetro di terriccio ed annaffiate un po', non

troppo. (Ci sono video molto esaustivi su YT) Ecco, da oggi in poi prendetevi cura di quel seme che dopo qualche mese diverrà una piccola piantina e cercate di farlo crescere fino a quando diverrà una pianta dalle radici robuste e dai frutti dolci e nutrienti. Non gli serve altro che il vostro amore e un po' d'acqua ogni sera.

Prima di credere io sia pazzo vi chiedo di pensare agli anni 50 dove tutti erano contadini e sapevano curare un piccolo seme come i rapporti e dove tutti si sposavano ed erano realmente felici, senza per forza pensare alle cose superflue.

Poi inviatemi una foto del vostro seme/germoglio sui miei social ed insieme le condivideremo.

Vi chiedo di fare questo perché, per me, i rapporti appena nati sono come germogli:

Avete mai curato una pianta a partire dal seme? I germogli non hanno solo bisogno di essere annaffiati, a quello ci pensa anche la pioggia o la rugiada. Loro vanno protetti, soprattutto nei momenti in cui tira tanto vento. Se a una persona ci teniamo Davvero, dovremmo proteggere il nostro germoglio anche a costo di stare giornate intere con le mani attorno ad esso, solo per trasmettergli calore. Invece siamo troppo impegnati, ci concentriamo sulla nostra vita, sui nostri progetti, sulle uscite con gli amici... e lasciamo l'altra persona proteggere il germoglio, quasi non fosse affare nostro.

Poi, dopo tempo, ci accorgiamo che non abbiamo dato a quel germoglio ciò che realmente meritava e sapere quando ce ne accorgiamo? Quando è troppo tardi e quando l'altra persona ormai si è stancata di fare sacrifici anche al posto nostro.

Cerchiamo di correre ai ripari e ripensiamo a tutte le volte in cui ci era stato chiesto per favore di badare a quel germoglio tanto delicato a cui noi stavamo donando pochissime attenzioni, a tutte le volte in cui ci arrabbiavamo perché non era

possibile stessimo sbagliando o non era possibile fare tutti quei sacrifici per lui.
Curate i vostri rapporti, soprattutto all'inizio, perché non c'è uscita, non c'è gioco, non c'è sogno più bello dell'Amore.
Amare non significa donarsi completamente all'amore ma trovare sempre il tempo per dargli priorità.
Vorrei che tutti dessero il giusto peso al sesso: vorrei non ci fosse più differenza tra sesso e amore perché il sesso non dovrebbe essere inteso come azione a sé stante ma come un effetto causato da un'esplosione d'Amore, a cui nessuno dei due può sottrarsi. Il sesso dovrebbe essere guardarsi negli occhi e sorridersi, accarezzarsi lentamente il viso, stringere a sé la persona che tanto si ama e che per cui abbiamo creduto valesse la pena concedersi completamente.
Durante i miei anni ho conosciuto ragazze e ragazzi che affermavano che per innamorarsi bisogna prima provare sessualmente l'altra persona, utilizzo il verbo provare perché è proprio quello usato da codeste persone nel suddetto discorso. Ora ognuno vive come vuole ed io non sono nessuno per giudicare ma le persone non sono automobili con cui fare un test drive, anzi, gli esseri umani hanno un cuore ed un animo e molti di loro conducono una vita non proprio florida.
Ho parlato con ragazze che erano andate a letto all'età di 16 anni con uomini di 50 perché non avevano mai avuto affetto da parte del padre, con uomini per cui la donna era solo un qualcosa da conquistare e da usare per brevi periodi di tempo, con donne di 30 anni che dicevano di non essere mai state felici da innamorate e per questo si ubriacavano di notte ed andavano a letto con chiunque, solo per ricevere un po' di calore, perché a loro detta i veri uomini non esistevano più.
Ho visto davvero tanto ed il mio mestiere mi ha fatto crescere e maturare sotto diversi aspetti, perché la gente mi contatta per sfogarsi, lo fa eccome, perché la fuori è pieno di gente pronta a

farti del male e si sa che la donna per indole è ingenua, anche se crede di essere furba più dell'uomo. La donna crede sempre nell'amore, anche se afferma che dopo tutte le batoste ricevute non ci crede più.

Non scindiamo l'amore dal sesso, facciamo sesso con amore, facciamo l'amore.

Quando ero piccolino interrogai mia madre su cosa fosse la felicità. Lei mi rispose: "per me sei tu la felicità!". Non capii e corsi da mio padre porgendogli lo stesso quesito. Lui mi guardò e sorridendo mi rispose: "Per me sei tu la felicità!" Allora corsi da mio zio, colui che per me era un secondo padre e che era la persona più intelligente in casa mia e gli feci la stessa domanda. Intelligenze diverse ma stessa risposta: "Sei tu la mia felicità!".
Non concependo la stessa risposta ripetuta più volte corsi nella mia camera ed iniziai a piangere. Avevo paura che mai avrei compreso pienamente il concetto di felicità. Iniziai a capire cosa fosse davvero solo nel giorno del mio ottavo compleanno. Mentre tutti gli invitati andavano via vidi entrare un piccolo gattino denutrito e sporco nel mio portone, miagolava per paura e mio padre stava per cacciarlo via. Io appena lo vidi dissi: "Papà per favore teniamolo!"
"Non vedi com'è sporco..." rispose mio padre
"Papà se lo terremo io sarò felice!" Ribattei
Allora mio padre lo prese tra le mani e lo scaldò un po', aveva freddo ed era colmo di paura. Lo vidi quasi appoggiarsi con l'anima alle mani di mio padre, perché dovete sapere che i gatti hanno 7 vite ma una sola anima.
Io andai a dormire e mio padre durante la notte lavò quel gattino e gli diede da mangiare, non pensate mio padre sia pazzo, soffre di insonnia. Fatto sta che quando mi svegliai lo

vidi già più contento e rimesso ed appena mi vide riconoscendomi corse da me, come per dirmi grazie.
"Come lo chiameremo?" Domandò mio padre.
Io non avevo la più pallida idea di quale nome dargli e mia madre suggerì: "Chiamiamolo felicità!"
"Sì, felicità!" Ribattei contento.
Me ne presi cura fino a quando crebbe ed appena conobbe una gattina randagia scappò con lei. Lo capisco, era un gattino di cuore, ma in un attimo persi la felicità. Mio padre stanco di vedermi triste mi compro un cane. Era un pechinese bianco e decisi di chiamarlo Willy.
Willy rappresentò per me la felicità per 8 lunghi anni: quando tornavo a casa da scuola correva e mi saltava addosso, scodinzolava, mi faceva le feste. Fino a quando non divenne vecchio e non facendocela più a correre veniva con fare lento ma comunque scodinzolante ad accogliermi durante i primi anni di superiori.
Willy era per me un amico, anche se a 4 zampe e rappresentava la mia felicità, colui che avrebbe fatto di tutto per me ed io ero felice di prendermene cura.
Non so che fine abbia fatto, so solo che un giorno mi alzai e mio padre disse che era uscito come suo solito e non era più tornato.
"Dimmelo se è morto!" Gli dissi
"Non è più tornato..." mi rispose
Con questo dubbio andai avanti e cominciai a riporre la mia felicità nelle persone: prima negli amici, poi nelle fidanzate...
I primi cambiavano all'improvviso, come le bandiere che sventolano nel porto di Napoli e le seconde non facevano altro che trovarmi difetti: Una mi diceva che non avevo il motorino che le piaceva, una che dovevo dimagrire, una che dovevo smetterla di inseguire un sogno che mai si sarebbe potuto realizzare ed altre che dicevano altro che non sto qua a dirvi.

Ho passato tutta la mia vita a cercare la felicità ed in questo momento in cui davvero sono tanto felice vi confesso che ho tanta paura di ritornare com'ero prima.

Ho capito dopo 30 anni che la felicità non è fatta di castelli o roccaforti ma è fatta di piccole cose come un sorriso spontaneo, un abbraccio che ti ricolma di ossitocina, un bacio che ti si stampa sul cuore. Ho capito che chi ti ama resta sempre al tuo fianco, non ti annota i difetti e ti aiuta a superare le paure.

Capitolo 9

Non aspettarsi niente dagli altri

A mio zio che ha lasciato un vuoto incolmabile e a tutte le persone che soffrono per aver perso qualcuno che davvero amavano tanto.

Quando ero piccolo e si bucava una ruota della mia bici mi mettevo da solo a ripararla e mio padre mi scrutava da un angolo senza muovere un dito, se gli chiedevo aiuto mi diceva che dovevo imparare a cavarmela da solo. Quando invece si rompeva qualcosa di suo la prima cosa che faceva era chiamarmi per chiedermi una mano. Un giorno gli domandai come mai ogni volta in cui si rompeva qualcosa di mio dovevo cavarmela da solo e invece quando succedeva a lui dovevo dargli una mano. La risposta mi lasciò di stucco. Mi disse che avrei dovuto imparare a cavarmela da solo in ogni situazione ma che al contempo avrei dovuto dare sempre una mano a chi ne aveva bisogno.

Non mi aspetto niente da nessuno e per questo sono felice

la vita mi ha insegnato che le persone vanno via per i motivi più svariati e futili e quindi penso a godermi quello che ho e cerco di donarmi senza volere nulla in cambio. Quando mio zio morì, capii che le cose importanti non si possono comprare e mi vennero in mente le sue sgridate quando compravo un pantalone costoso solo per il brand e lui che era sarto e che aveva speso la vita seduto alla macchina da cucire mi diceva che avevo speso un botto e manco era stato cucito bene. In

punto di morte, per riaverlo indietro, avrei dato tutti pantaloni più costosi che avevo nell'armadio e tutto quello che avevo guadagnato in quegli anni, eppure non potetti farlo tornare.
Iniziai a capire i suoi insegnamenti solo dopo la sua morte e ne vedo i frutti dopo 6 anni. Era felice quando mangiavamo i fagioli perché da piccolo era talmente povero che non se li poteva permettere e se io borbottavo che non mi piacevano si arrabbiava e diceva che dovevo ringraziare Dio per quel piatto invece di comportarmi da bambino viziato. Purtroppo su quello non è riuscito a cambiarmi, ancora oggi non mi vanno tanto, ma quando li vedo in un piatto ripenso al suo sorriso quando li mangiava.
Gli insegnamenti rimangono: quello che diamo e non quello che riceviamo. A volte nei rapporti sembro menefreghista ma in realtà per me non esistono motivi reali per litigare.

Le litigate sono un'invenzione delle persone che non sanno cosa sia la felicità.

Io penso a stare bene e ad essere felice con quello che ho: penso a mio padre che è sopravvissuto ad un ictus e a due tumori, penso a mia madre che mi ama più di ogni altra cosa su questa terra e penso alla mia fidanzata che mi fa sentire amato come mai prima e che sarà il mio futuro.
Non mi aspetto niente nemmeno dalla vita ed accetto tutto quello che mi da perché i miei fagioli sono le carezze e se sono circondato da persone che mi amano, non ho bisogno d'altro.

Ho avuto modo di carpire gli insegnamenti di mio zio solo nel momento in cui ho avuto l'incontro con la verità, con il Signore. Ho constatato che esiste un qualcosa che vale molto più di ogni capo costoso, di ogni auto che non mi sono potuto permettere e di tutto il male che mi era stato fatto da chi era lontano da lui. Sono una persona che nella vita si era sempre tenuta tutto dentro, non avevo mai versato una lacrima per le mie sofferenze, tranne nei momenti della morte dei miei due zii e fratelli di mia madre, entrambi con la malattia del secolo. Quella malattia è straziante, consuma chi ce l'ha e chi gli sta intorno e mi ha lasciato delle ferite che da nessuno potevano essere risanate. Ce l'avevo con la vita e con Dio perché pensavo fosse sua la colpa di tutto questo ma se ci pensiamo bene, cosa ci può fare lui se ogni giorno gli esseri umani ne inventano una per autodistruggersi? Cosa può farci lui se le persone sotterrano camion contenenti scorie e veleni solo per ricevere in cambio dei pezzi di carta che appartengono al male. Se ci pensate bene tutto il male di questo mondo viene fatto perché invece di mettere Dio al primo posto si mette il proprio ego e si pensa ai soldi, alla bella vita, al sesso, alla droga e a tutte le cose che non fanno altro che distruggerci e portarci a fare del male a noi stessi e agli altri.

Chi ha Gesù nel cuore non potrebbe mai fare del male perché crescere in Dio è una continua lotta con la propria coscienza, non che lui induca o costringa a fare qualcosa ma immaginate una persona che ha davvero Dio nel cuore e che davvero segue i suoi detti. (Non parlo di chi va tutte le Domeniche a messa e poi sparla di tutti ma di chi davvero ama Dio e vive in Dio) Questa persona prima di agire ha bisogno di fare discernimento e di chiedere al proprio Padre che è nei cieli se quella scelta è giusta o sbagliata. Chi vive in Dio non è mai solo e vince anche contro il più forte dei mali. Io per capire questa cosa ho dovuto toccare il fondo, sono dovuto arrivare al punto di desiderare la mia morte per tanto tempo, al punto di non mangiare e di contarmi i giorni che ci volevano più o meno per morire senza cibo. Fortunatamente Dio mi ha donato mia madre che mi è stata accanto e che mi ha costretto per quasi 6 mesi a mangiare

la frutta 2 volte al giorno perché non me lo diceva ma aveva capito tutto.
Quando Gesù mi ha cercato non mi ha chiesto nulla in cambio, questo ci tengo a dirlo perché è credenza comune che voglia imporre le cose, invece lui ti induce solo a ragionare su cosa mi fa bene e cosa mi fa male e non esiste peccato che lui non può cancellare se gli viene chiesto a cuore aperto. Io gli avevo chiesto di aiutarmi un Giovedì sera prima di addormentarmi e lui ha mandato il mio amico a dirmi che non uscivo da un sacco e che forse sarebbe stato bene per me se il Sabato dopo fossi andato a ballare coi suoi amici. Vi sembrerà strano ma Dio è pazzo, come si dice a Napoli è scoppiato e mi ha cercato proprio in discoteca tramite una ragazza che vedendomi silenzioso mi chiese come mai non parlassi. Io le risposi che era un periodo no e lei mi rispose: "Tu ci credi in Gesù?"
In quel momento mi chiesi come mai avesse detto proprio Gesù e non Dio o il Signore, fatto sta che risposi come tutti:
"Sì, ci credo. Ma si è dimenticato di me"
Nonostante mi fosse venuto a cercare provavo ancora risentimento nei suoi confronti per tutto quello che avevo passato nella mia vita. Questa ragazza mi invitò ad una preghiera comunitaria del Rinnovamento nello Spirito Santo di cui ormai faccio parte da quasi due anni ed io ovviamente non andai. Lei mi chiese ancora più con insistenza di andarci ed ho scoperto poi che se apri il tuo cuore al Signore lui ti userà per portare i suoi miracoli alle persone senza che tu possa fare opposizione, sì, hai la possibilità di scegliere ma come si può dire di no all'Amore? La settimana dopo ci andai ed avvenne il mio incontro con Gesù. Prima vi ho detto che ero una persona che non aveva mai pianto se non per due volte nella sua vita, una persona che si era tenuta tutto dentro e che credeva che da solo avrebbe potuto superare qualsiasi avversità. Quando i miei fratelli mi accolsero come una persona di famiglia mi

meravigliai di tutto quell'amore ma ero ancora restio, li vedevo come pazzi fulminati che pregavano un Dio che forse nemmeno esisteva. Facemmo un momento in cui tutti i fratelli si presero per mano e pregammo ognuno per l'altro. Di solito non scrivo nomi ma voglio parlarvi della Signora Antonietta e voglio scriverne il nome perché resti impresso ciò che Dio ha fatto per me attraverso lei per dirmi: "Io sono qui vicino a te" Lei mi abbracciò forte e mi disse: "Ho pregato per te che hai la stessa età di mio figlio" e mi fece gesto sulla Bibbia aggiungendo: "Leggi questo passo che ti è stato regalato dal Signore" Il passo diceva: "Non abbiate paura di camminare per le vie del Signore, perché chi camminerà per le sue vie camminerà sempre dritto mentre chi prenderà altre vie inciamperà"

In quel momento tutto il mio risentimento se ne andò in un pianto liberatorio e mi sentii pervaso da un Amore che nemmeno mia madre che per me darebbe la vita era mai riuscita a donarmi. Da quel giorno è iniziata la mia nuova vita. ovviamente non tutto in una sera ma da quella sera ho iniziato a capire tante cose che prima nemmeno concepivo. Dopo qualche mese che lo seguivo senza chiedergli nulla se non il suo amore lui mi disse tramite una sorella che avrebbe trasformato la mia vita in un capolavoro. Io pensai fosse impossibile ma nulla è impossibile a Dio, questo ricordatelo sempre.

C'è una parte nel vangelo in cui Gesù parla con Pietro e gli chiede:

"Simone, mi ami più di tutti?" Pietro risponde con un altro verbo, quello dell'amicizia e dell'affetto: "Ti voglio bene." A questo punto Gesù gli pone di nuovo la stessa domanda: "Pietro mi ami?" Nella risposta Pietro mantiene il profilo basso di chi conosce bene il cuore dell'uomo: "Ti voglio bene" Gesù nella terza domanda adotta il medesimo verbo

di Pietro, si abbassa, si avvicina al mondo dell'uomo, lo raggiunge: "Pietro mi vuoi bene?" E Simone risponde: "Ti voglio bene". Questo per farvi capire che nemmeno gli apostoli hanno potuto ricambiare l'immenso amore di Dio e che non dobbiamo disperare per questo perché lui ci dona tutto sé stesso senza volere nulla in cambio se non il nostro bene e la nostra felicità.

Vi dico che il suo amore è così immenso che una volta che lo hai conosciuto non puoi più farne a meno e non puoi fare altro che portarlo a più persone possibili ed essere felice. Da quando ho ricevuto il suo amore in me sono sparite tutte le paure terrene: quella di non piacere agli altri che colmavo indossando capi costosi, quella di non essere amato che colmavo donando tutto me stesso a qualunque persona mi promettesse amore e quella di un futuro incerto che colmavo rispondendo male a tutti. Posso dire che il Signore ha fatto della mia vita un capolavoro come aveva promesso, mi ha permesso attraverso lui di rialzare una persona a me cara e di riportarla in vita e mi ha fatto recuperare il rapporto coi miei genitori che a causa di tante cose era andato quasi distrutto.

Voglio condividere con voi questa cosa che mi è successa ieri: Mi ero recato in Chiesa come faccio quasi tutti i giorni per ascoltare la messa insieme all'amore della mia vita e dopo la messa ci intratteniamo sempre a parlare e scherzare col parroco della sua Parrocchia che per me è stato un dono di Dio poiché ha un carattere scherzoso e sbarazzino proprio come il mio e proprio come me quando ci sono da fare cose serie tira fuori tutta la sua esperienza e la mette a disposizione delle persone. Lui spesso mi prende in giro e mi dice che sono stato furbo ed ho saputo scegliere bene poiché è il padre spirituale della mia fidanzata e conosce di lei tutta la sua vita. Io gli rispondo che sono furbo ma in realtà non è vero e me l'ha messa nella vita Dio ma comunque arriviamo al punto.

La mia fidanzata è un po' gelosa per il fatto che scrivo e che in un mio libro ci sono frasi che avevo scritto per la mia ex e disse a lui davanti a me che questa cosa le dava un po' fastidio. Lui le disse: "Tu per lui rappresenti la verità ed una volta che si è conosciuta la verità non esiste più il passato ma solo il futuro" Lei rimase di stucco e lui mi chiese: "Pascalì è così o non è così, con lei hai conosciuto la verità?"

Io gli risposi: "Don, io ho conosciuto prima la verità e poi la verità mi ha portato da lei" Questo vi fa capire che per me non esiste cosa più importante di Dio e del suo amore. Né me stesso, né la mia fidanzata, né tutto ciò che ho di più caro al mondo perché so che lui mi sarà sempre vicino e che mi seguirà in ogni mio passo. Questo non significa che non amo la mia fidanzata, anzi, per vederla sorridere darei la vita ma che esiste un Amore che è molto più forte di quello terreno e che una volta conosciuto ti cancella tutto il male ed il dolore del passato trasformandoti in una persona nuova che pensa e guarda solo al futuro.

Don mi fa morire perché dice che ho passato le sue prove senza volerlo e la cosa bella è che si è accorto della mia profondità d'animo e di quanto io ami Gesù. Ringrazio Dio per avermi messo sulla strada un buon pastore che durante le omelie non mi fa annoiare ma mi aiuta a capire quelli che sono i limiti su cui devo lavorare per aiutare gli altri e migliorare me stesso.

Capitolo 10

Passare dall'essere amati all'amare

Tutto ciò che fai per amore non viene sprecato, anche se a volte le persone ti dimostrano il contrario. Ciò che viene fatto per amore ci insegna la bellezza della vita e non dobbiamo arrenderci se in cambio otteniamo incomprensione.
Se una persona dimostra che a noi non tiene, semplicemente non è quella giusta e la colpa non è dell'amore e nemmeno di quella persona; semplicemente non doveva andare.
Magari ci soffriremo, ci mancherà il respiro ma dopo un po' ne usciremo più consapevoli e forti di prima.
Purtroppo, oggi, le persone sono abituate ad amare loro stesse e a mettersi al primo posto facendo nascere incomprensioni, litigi e dando spazio solo all'orgoglio ma noi non è questo che vogliamo e che cerchiamo. Quindi andiamo avanti per la nostra strada nell'attesa che arrivi una persona che davvero ci sappia apprezzare e che ci sappia donare la serenità che abbiamo sempre cercato e che meritiamo.
Tutto ciò che facciamo per amore non viene sprecato e viene chiuso in un cassetto dove possiamo andare a ripescare i bei ricordi e dove possiamo infilarci ogni volta in cui ci sentiamo soli.
Non è semplice trovare il vero amore ma sono sicuro che tutto ciò che viene fatto per amore, non viene sprecato.

Qual è l'unica persona che ci ha amati per davvero senza mai farci sentire sbagliati? Chi ha dato la vita per noi? Chi ogni volta in cui gli chiediamo una mano non si tira indietro e ci sostiene?
La risposta a tutte queste domande è Gesù.
Parto dal dirvi che Dio non solo ci ama ma è lui stesso eterno amore. Ciò significa che lui mai potrà provare un sentimento diverso da quello che è il più immenso del mondo verso i propri figli. Questo vale per chi lo segue ma anche per chi ogni giorno lo bestemmia o fa del male a sé stesso. Dio non potrà mai odiarci perché egli è nostro padre e ci ama singolarmente più di ogni altra cosa al mondo, anche quando ci trattiamo male, anche quando siamo tristi per le sciocchezze.
Questo però non significa che dobbiamo approfittare del suo amore e compiere continue cattiverie, ciò significa che se ci abbandoniamo a lui e gli consegniamo la nostra vita non solo ci perdonerà di tutte le scemenze commesse ma ci ricolmerà di gioia e trasformerà la nostra vita in un capolavoro. Dio è sempre pronto a guidarci e da una possibilità, anche più di una, a tutti coloro che sceglie. Vivere in Cristo significa migliorarsi giorno per giorno grazie ai suoi insegnamenti, vivere sempre in modo sereno e diventare una persona nuova e consapevole. Se fossi rimasto dov'ero non avrei avuto la possibilità di far innamorare colei che sono certo diverrà mia moglie e in questo momento della mia vita non sarei felice come mai lo sono stato prima, senza dare nulla in cambio e senza dover passare su cose che a me fanno male.
Prima di avere l'incontro con lui ero una persona iraconda, mi ponevo spesso in modo sprucido e rispondevo male quasi sempre, soprattutto ai miei genitori. L'incontro con Dio è una cosa che auguro davvero a tutti perché ci si sente pervasi da un amore che nemmeno immaginiamo possa esistere, un amore che è molto più potente di quello che possiamo provare o che le

persone possono provare verso di noi, un amore che mai
potremo ricambiare in nessun modo.
L'amore di Dio è un dono che non è materiale, non è solo
sentimento e non è nemmeno astratto come molti pensano.
L'amore di Dio è consapevolezza di essere amati sempre,
nonostante le nostre cadute ed i nostri difetti e consapevolezza
di non essere mai soli, soprattutto quando tutti gli altri ci hanno
voltato le spalle. L'amore di Dio ci porta ad amare noi stessi, a
lavorare sui nostri difetti, a maturare e a saper agire verso gli
altri davvero con amore.
"Ama il prossimo tuo come te stesso." Come potremmo amare
un'altra persona se non siamo capaci di amare noi stessi? Come
potremmo amare i difetti dell'altro se odiamo i nostri? Come
potremmo amare un'altra persona se proviamo odio verso di
noi, verso i nostri genitori o verso qualsiasi altra persona ci
abbia fatto del male?
Alla fine di questo capitolo leggerete, spero, come ha agito Dio
nella mia vita per farmi arrivare a conoscere colei che mi ha
cambiato la vita coi suoi sorrisi e la sua positività.

Ti ho ascoltata sai...
Ti ho sentito dire che l'amore non esiste e che le persone non
sanno amare altro che loro stesse. Eppure tu, quando hai
amato, avresti dato la vita per lui, anche se non l'ha mai
capito, anche se non ti ha mai capita.
Se l'amore è un'invenzione come dici, perché ancora lo ami?
Perché pensi a lui la sera prima di dormire e quando ti svegli
abbracci delicatamente il cuscino come ti fosse li di fianco?
A volte è più facile dire che l'amore non esiste piuttosto che
dimenticare il passato ed andare avanti. Ci sono tante persone
che potrebbero renderti felice come mai lo sei stata e che
potrebbero farti scoprire altre sfaccettature dell'Amore ma tu
continui a legarti a chi non ti ha saputa amare.

L'Amore esiste eccome, solo che a volte, siamo noi a non volerlo trovare.

Innamorarsi è ritornare un po' bambini e dimenticare il male che gli altri ci hanno fatto.
Innamorarsi è ritornare ingenui dinanzi alle emozioni, alle paure, ai sentimenti.
Chi si innamora vive la vita in modo semplice, anche se i giorni non sono più tutti uguali, le idee iniziano a cambiare e le scelte sono dettate dall'amore provato e dalla maturità che il rapporto stesso lo porta ad avere. So che è difficile innamorarsi e dare tutto per una persona che, in poco, non si sa come, diventa la nostra ragione di vita ma se non doniamo tutto a chi ci ha fatto ancora credere nel sentimento più bello ed appagante di questa vita a chi dovremmo donarlo? se non ci consegniamo a chi ci ha cambiato la vita a chi potremmo mai consegnarci?
Ecco, innamorarsi è consegnarsi: consegnare le paure, i difetti e tutto ciò che abbiamo; denudando l'anima e non il corpo, come sovente accade.
Innamorarsi è stare in auto ad accarezzarti, baciarti tra la gente e non sentire i rumori che ci circondano ma solo il dolce battito del tuo cuore unito al cinguettio degli uccelli che librano nel cielo. Vederti sorridere mentre esci da lavoro e mi trovi lì, infreddolito, ad aspettarti. Guardare i tuoi occhi felici quando ti stringo la mano mentre siamo seduti in una pizzeria.
Innamorarsi è stare bene nonostante le tribolazioni che la vita ci ha dato e pensare che in fondo, sono stato proprio fortunato ad incontrarti.
Mi innamorai di lei perché mi aveva parlato dell'alba, facendomi capire che nella vita avevo dato peso solo ai tramonti, mi innamorai di lei quando mi disse che amava il mare anche d'inverno e me innamorai al punto da non poter più

vivere, non senza di lei ma senza il nuovo me che grazie ai suoi sorrisi avevo scoperto.
Mi innamorai di lei e non potetti farne a meno, mentre dentro avevo il ghiaccio e fuori c'era la neve. Mi innamorai di lei appena la vidi e le chiesi dove fosse stata fino a quel momento Mi rispose: "Per tutto questo tempo sono stata qui ad aspettarti!"
Amatevi ogni giorno di più: amatevi schivando le tentazioni e dando priorità alla felicità dell'altra persona piuttosto che al vostro orgoglio, amatevi in tutto e per tutto.
Anzi, amatevi in tutto e per l'altra!
Solo chi ha davvero conosciuto l'amore può essere stato felice: non c'è forma di felicità più appagante delle carezze, dei baci e degli sguardi di chi darebbe la vita per te. Una felicità che si scopre poco alla volta e che man mano ci denuda delle paure e ci porta a vivere una favola.
Addormentarsi la sera col sorriso pensando ad una persona e svegliarsi al mattino e cercarla, pur sapendo che c'è, per ritrovare la felicità; non abbiamo bisogno di altro per essere in pace con noi stessi.
Inseguire la felicità è tutto ciò che dovremmo fare: non dovremmo passare serate ad ubriacarci e a non sapere poi cosa ci può succedere, dovremmo saperci tenere più di quanto teniamo alla nostra nuova auto o al nostro nuovo smartphone e invece trattiamo degli oggetti meglio di come facciamo con noi stessi e non ci diamo il valore che ci danno le persone che ci amano, non ci diamo il valore che abbiamo per Dio, non ci diamo il nostro vero valore.
Un giorno lessi che il voler bene e l'amare sono due cose completamente diverse. Perché chi vuole bene ad una rosa la taglia e la porta con sé per farla vedere agli altri mente chi la ama la annaffia e se prende cura, tenendola lontana da chi potrebbe farle del male.

Anche i litigi a volte possono dimostrare quanto ci teniamo alle persone, perché nel momento in cui mi arrabbio con te ti sto dimostrando che ti amo e che voglio curare il nostro rapporto proprio per tenerti lontana da chi potrebbe farci del male. Quando invece ad una persona vuoi bene tendi a passarci sopra, tanto non è di vitale importanza, col tempo capirà da sola.
Un giorno, un uomo, mi confessò di non essere mai stato felice. Io gli chiesi come mai visto che era davvero bello e si vedeva vestisse bene. Lui mi rispose che non conosceva il motivo di ciò ma sentiva come se gli fosse sempre mancato qualcosa. Disse che aveva avuto tutto ma non si era mai sentito felice. Gli chiesi di raccontarmi la sua vita per capire dove secondo me aveva avuto mancanze e stemmo per ore a parlare. Mi raccontò delle sue serate, delle sue storie d'amore, dei suoi genitori e di tutta la sua vita. Mi disse che il padre era un traditore cronico e che da bambino, spesso, anche se cercava di nascondergielo, vedeva la mamma soffrire e chiudersi in bagno a piangere. Mi disse che si era promesso di non divenire come il padre, anzi, avrebbe voluto costruire una famiglia con basi solide. Mi raccontò del suo primo amore, di come era stato male quando la donna che avrebbe voluto sposare lo aveva tradito per più di 3 anni nonostante non se ne fosse mai accorto e di come questa cosa lo aveva trasformato in una persona molto simile al padre. Io penso che quando finisce un amore la cosa più sbagliata sia quella di voler rimpiazzare subito la persona che abbiamo perso con un'altra, solo per non soffrire. Così facendo non facciamo altro che prendere in giro un'altra persona e al contempo non dimentichiamo chi avevamo amato davvero con tutti noi stessi. Questo ragazzo aveva cercato di rimpiazzare la sua ex fidanzata con tante ragazze e mi disse che per ognuna non aveva provato altro se non il desiderio sessuale e poi aggiunse che molte di loro a dire il vero non volevano altro che quello. Mi disse che dopo averlo fatto, quando tornava a casa si sentiva

in colpa perché sapeva di aver sbagliato ma non riusciva a fare a meno di quella vita. Aggiunse che la madre si era accorta del suo cambiamento e che spesso gli ripeteva che avrebbe dovuto trovare una ragazza con cui costruirsi un futuro e non comportarsi come aveva fatto il padre, visto che lei aveva trovato pace solo nel momento in cui lui era deceduto. Mi raccontò che nonostante le sofferenze la morte del padre lo aveva stravolto e lo aveva portato ancora di più a chiudersi in sé stesso e a rifugiarsi nell'alcool e nel sesso, le uniche due cose che gli facevano dimenticare tutto il dolore che provava quando era a casa da solo. Il problema era che mettendo sempre da parte le lotte della vita e non affrontandole lui non aveva mai battuto i mostri che aveva dentro e proprio quei mostri man mano lo stavano soffocando. Mi chiese di aiutarlo ed io gli chiesi perché avesse voluto proprio un mio sostegno visto che nemmeno ci conoscevamo di persona. Mi rispose che stava parlando con me perché aveva letto un mio libro ed aveva visto che ero molto credente e secondo lui Dio mi avrebbe ascoltato a differenza di come faceva con lui. Il problema però non era Dio ma le scelte di questo ragazzo e tra poco capirete il perché. Mi disse che aveva bisogno di qualcuno che chiedesse a Dio di aiutarlo visto che aveva fatto qualcosa di molto grave che non riusciva a perdonarsi: aveva fatto abortire una ragazza con cui era stato perché non l'amava e non voleva un bambino nato da una relazione di solo sesso. Mi disse che lei era davvero bella, che era una bravissima ragazza e che lui l'aveva abbindolata una sera in discoteca perché aveva voglia di sesso. Mi disse che lei, non si concesse ma lui aveva così tanta voglia di possederla che per mesi le fece la corte. Lei era una ragazza che aveva Dio nel cuore e nella sua vita non era ancora stata a letto con nessuno prima di lui, ci teneva a donarsi solo all'uomo che l'avrebbe sposata e le avrebbe regalato una splendida famiglia. Gli parlava di un futuro insieme, di una famiglia e di un tetto

dove entrambi sarebbero potuti essere felici e lui, anche se si sentiva tanto in colpa, fingeva di assecondarla, solo perché voleva scappare dal dolore che gli provocava la situazione di suo padre che si trovava moribondo in un letto d'ospedale. Mi disse che quando lei gli portò la lieta notizia era felicissima e nonostante fosse piccolina aveva lo sguardo ricolmo di gioia. Poi aggiunse che se fosse stato maschio lo avrebbero chiamato con il nome di suo padre, perché anche se non lo conosceva gli aveva donato la persona più bella e amorevole che avrebbe potuto incontrare. Lui si sentì così male che la offese e la costrinse ad abortire confessandole che non era stato solo con lei in quel periodo e che magari era stato amorevole nella sua vita ma con la persona sbagliata, riferendosi alla sua ex fidanzata. Si era aggrappato al passato, non aveva dimenticato, non aveva perdonato e stava facendo del male ad una persona innocente oltre che innamorata follemente di lui. Era di nuovo scappato dal dolore e dalle responsabilità ed aveva capito do aver sbagliato solo dopo 3 anni. Continuava però a pensare a questa ragazza che aveva creduto in lui, anche se non lo meritava, nonostante avesse avuto rapporti con altre persone. Io gli chiesi se fosse sicuro lei avesse abortito e lui mi disse che sui social non aveva mai postato foto insieme ad un bambino. Io gli dissi che per esserne sicuro avrebbe dovuto chiedere a lei e che forse non voleva farglielo sapere per non fargli avere alcun diritto di paternità in un futuro; non perché fosse una brutta persona ma per tutelarsi. Lui mi disse che forse ciò che gli era sempre mancato lo aveva trovato in lei ma offuscato dai suoi mille problemi non se ne era accorto subito.
Gli chiesi di farmi un favore e lui mi disse che se avesse potuto mi avrebbe assecondato. Ero sicuro non avesse abortito poiché una persona che ha Dio nel cuore si prende sempre le proprie responsabilità e non vuole pesi sulla coscienza. Gli dissi: "Contattala e chiedile del bambino"

Lui mi rispose che mai avrebbe avuto il coraggio di farlo ed io gli risposi che se avesse voluto trovare la felicità avrebbe dovuto ascoltarmi. Dopo un po' di messaggi per spronarlo contattò questa ragazza, mi fece vedere uno screen. La conversazione era andata più o meno così:
Lui: "Ciao, come stai? So che sono l'ultima persona che ti saresti aspettata ti contattasse ma ti volevo dire che mi dispiace per tutto e che a distanza di tempo mi sono reso conto di aver sbagliato con te."
Lei: "Facile parlare dopo 3 anni. Io sto bene, sono andata avanti e mi sono rifatta una vita con un vero Uomo"
Lui: "Sono felice per te e sono contento tu abbia trovato qualcuno che ti abbia saputa apprezzare a differenza mia"
Lei visualizzò ma non rispose, così gli consigliai di insistere perché forse quell'uomo di cui si parlava non era altro che un bambino di due anni e qualche mese. Gli dissi che valeva la pena provare a capire solo se però questa volta l'avrebbe trattata come dovrebbero essere trattate le Donne. Lui mi rispose che ci avrebbe provato e la ricontattò
Lui: "Avrei una domanda da porti"
Lei: "Dopo 3 anni?"
Lui: "Mi risponderesti?"
Lei: "Chiedi e poi si vedrà"
Lui: "Posso sapere come si chiama questo uomo con cui ti sei rifatta una vita? Perché sui social vedo sempre tue foto da sola"
Lei: "Sono riservata, lo sai…"
Lui: "Sì, ma qualcuno mi ha suggerito che quell'uomo di cui parli è nostro figlio"
Lei: "Posso sapere come mai mi hai contattata?"
Lui: "Ho capito che ti amo. Lo so che è tardi e che non ritornerai ma ho capito che ti amo."
Lei di nuovo non rispose, faceva la vaga e non voleva dargli informazioni sulla sua nuova vita come giusto che sia. Però se

non avesse avuto interesse verso di lui non l'avrebbe proprio risposto, così gli consigliai di insistere ancora per dimostrarle che stavolta era davvero diverso.
Lui: "In quel periodo stavo per perdere mio padre e non ero in me"
Lei: "avrei potuto starti vicino ed alleviare i tuoi dolori ma non me lo hai permesso"
Lui: "Sono stato uno stupido"
Lei: "No, sei stato una merda!"
Dopo questa risposta gli dissi che secondo me lei ci teneva ancora e che ero sempre più convinto che l'uomo di cui parlava fosse loro figlio.
Lei: "Con quante donne sei stato mentre stavi con me?"
Lui: "Tre"
Lei: "Cosa cercavi di più? Ti ho dato tutta me stessa!"
Lui: "Nulla di più di quello che mi davi"
Lei: "Sei solo un porco malato!"
Lui: "Non sono malato, sono la persona che hai conosciuto ma la vita mi ha portato a commettere diversi errori"
Lei: "Cos'hai fatto in questi 3 anni?"
Lui: "Ho capito che sei tutto ciò che voglio. Tu invece?"
Lei: "Ho pregato Dio che ti facesse tornare"
Lui: "Hai davvero un altro uomo?"
Lei: "Ci sono cose che solo determinate persone possono fare: perché cercare altro se in questi 3 anni non ho fatto che pensare a te? Avrei solo preso delle persone in giro come facevi tu. E poi Claudio aveva bisogno di un padre ed io di un marito e visto che amavo te non volevo altro"
Claudio era il nome del padre di lui e lei nonostante tutto aveva tenuto fede alla promessa che gli aveva fatto.
Lui: "Claudio come mio padre?"
Lei: "Te lo promisi"
Lui: "Ricordo…"

Lei: "Ovviamente sei ancora in tempo per fare il padre, Claudio ha soli due anni e spero non dovrebbe avere ripercussioni su di lui il tuo comportamento. Mi sono promessa quando te ne sei andato che non sarei andata a letto più con nessuno se non fossi tornato e Claudio me lo sarei cresciuta da sola come ho fatto fino ad ora. Sappi che sapevo tutto di te ma speravo che con me cambiassi e divenissi ciò che facevi finta di essere"
Lui: "Non fingevo, io sono così…"
Lei: "Allora dimostramelo nel tempo"
Lui: "I mesi insieme a te sono stati i più belli della mia vita"
Lei: "Dio ti aveva donato un figlio per colmare il vuoto di tuo padre ma tu hai preferito colmarlo andando a letto con altre donne ed hai perso 3 anni di felicità"
Lui: "Hai ragione"
Lei: "Se davvero hai capito come dici, sai cosa fare. Io dovrò litigare coi miei e con tutte le mie amiche e dovrò portare su di me il peso dei tuoi errori ma questo non mi peserà se per mio figlio sarai un esempio da seguire. Se mi prometti che mai più mi tradirai, che mi sposerai e che passeremo insieme il resto della nostra vita io per te ci sarò ancora. Però attento che al primo segno di debolezza ci perderai entrambi e questa volta per sempre"
È passato un anno da quando lui mi contattò ed ho saputo che si sono sposati e che sono felici. Lui è cambiato e grazie a lei ha cominciato a credere in Dio e ad agire sempre con amore. Vi racconto questa storia perché lui non ha fatto altro che passare dall'essere amato all'amare e la stessa cosa ha fatto lei. Lei era amata da Dio ed è passata a provare un amore così forte per il proprio figlio da riuscire a perdonare tutti gli errori commessi dal padre. Lui invece è passato dal sentirsi realmente amato da lei all'amarla nonostante le sue cadute.
L'Amore di Dio è un qualcosa di così forte che non si riesce a trattenere: si deve donare e condividere sempre.

Ricordiamo che non siamo giudici di nessuno e che chi crede nell'amore non giudica ma consiglia il bene agli altri.

Grazie a Dio non sono una di quelle persone egoiste ed egocentriche, ho sofferto tanto e non voglio far soffrire nessuno. Grazie a Dio sono nato in una famiglia umile, ho visto mia madre alla macchina da cucire fino all'una di notte e so cosa significa lavorare per mantenersi durante l'università. Ringrazio Dio per avermi tolto tante cose e per avermi dato lo stretto necessario per farmi capire che da solo sarei potuto arrivare ovunque volevo. Lo ringrazio perché non sono più uno di quelli che chiedono alle persone di restare: se vogliono bene, se sono felici da qualche altra parte sono contento per loro.
Ringrazio Dio per avermi fatto conoscere la morte, perché è dal fondo che sono risalito e da ciò ho capito che nulla al mondo mi uccide.
E infine lo ringrazio perché è solo grazie a Dio se sono ancora vivo!

Adesso voglio parlarti di Dio e di come ha cambiato la mia vita, voglio raccontarti una storia: la storia di due ragazzi semplici, educati e soli. A questo punto penserai che al giorno d'oggi è davvero difficile sentirsi soli ed infatti è così. Ci sono social e chat di tutti i tipi ma io vedo la mancanza d'amore come sintomo di solitudine: l'essere umano ha bisogno di essere amato, anche se crede di poter fare tutto da solo e che mai nessuno potrà essere più messo al primo posto. Per me non

sentirsi amati significa sentirsi soli e quando si è nella solitudine si rischia di commettere tanti sbagli di cui poi ci si può pentire.
Per me la felicità è una chiusura di palpebre: non so se avete mai provato quella sensazione grazie alla quale non ci fidiamo più di nessuno, diciamo che io l'ho provata per più o meno un anno e mezzo e dopo tutto questo tempo poter finalmente chiudere gli occhi mentre lei mi accarezza il viso è di vitale importanza. Finalmente mi sto di nuovo fidando di qualcuno e lo sto facendo contro me stesso e contro tutto quello che avevo costruito per restarmene da solo nelle mie cose.
Io sono sempre stato diverso: da bambino avevo vergogna di parlare e mi chiudevo in me stesso, ricordo che tutti volevano io andassi a giocare a calcio ma a me piaceva ascoltare musica e cantare. Quando andavo alle gite delle elementari restavo per tutto il tempo a guardare fuori dal finestrino mentre il resto dei bambini giocavano e si divertivano. A me piaceva guardare cosa c'era oltre i miei orizzonti ed osservare le bellezze della natura. Sono andato all'asilo per soli due giorni, manco ricordo quanti anni avevo ma riesco benissimo a rammentare che gli altri bambini si divertivano a colorare pagine di libri con dei colori senza cappuccio. Chiesi alla maestra perché li avesse tolti e lei mi rispose che era perché li potevamo ingoiare. Pensai che fosse matta e dissi che mi faceva male la pancia facendomi venire a prendere da mio zio a cui raccontai tutto. Ricordo che lui rideva e che era contento perché poteva passare del tempo con me. Il secondo giorno chiesi la plastilina con la quale giocavo a casa da tempo insieme a mio padre. La maestra disse che l'avrei potuta ingoiare e che alla mia età non potevano darmela ma che dovevo colorare come tutti gli altri. "Io non sono tutti gli altri!" pensai e lei mi rispose che ero un bimbo viziato. Dopo 10 minuti fui di nuovo colpito dal mal di pancia e feci chiamare a casa. Mi sono sempre saputo adattare alle situazioni ma non potevo essere

trattato come un demente con dei colori senza cappuccio. Tornai a casa e mamma mi fece una lunga ramanzina. Io le dissi le cose come stavano e lei decise di non farmici andare più. Restavo in fabbrica con lei e mio zio e tutte le ragazze che lavoravano per loro mi riempivano di coccole yeee.
Come detto pocanzi non avevo più voglia di dare a nessuna la possibilità di diventare la priorità: avevo due libri pubblicati e mi stavo dedicando completamente alla mia vita, volevo realizzarmi.
Dai miei fidanzamenti ero uscito come uno straccio e mi sentivo di esser stato usato per un determinato periodo di tempo che era durato la prima volta dieci anni e la seconda uno.
Appena dopo la mia ultima rottura decisi che avrei dato la possibilità ad alcune ragazze di ricevere tutto il mio amore ed uscii con qualcuna che mi piaceva. La cosa che più mi rendeva triste era che volevano iniziare dal sesso: mi dicevano che dovevano conoscere tutto di un uomo prima di innamorarsene e che dovevano provare come fosse a letto, come se si potesse scegliere di chi innamorarsi ah ah ah. Da quello capivo che non avevano mai amato e scappavo. Tutte erano accomunate dal verbo 'scopare', che io abiuro e che ho sempre abiurato. Ricordo che dicevo al mio amico Gino che loro volevano quello ed io scappavo, lui mi diceva che me le sceglievo io così, anche se non ci facevo caso e che esistevano ancora le brave ragazze.
Dio in quel periodo mi ha parlato davvero tanto attraverso Gino ed attraverso altre persone a me vicine e mi ha condotto per mano fino alla mia strada per la felicità.
Dopo tanti tentativi decisi di restare da solo e di bastarmi: avevo conosciuto l'Amore di Dio e questo mi bastava e mi ricolmava di gioia.
Adesso veniamo al dunque, eh eh…
Vi chiedo solo, se resterete colpiti da questa mia testimonianza, di dare una possibilità a Dio di entrare nella vostra vita.

Iniziò tutto intorno al 23 Dicembre 2019. Dio parla tanto con me e a volte mi mette nel cuore cose che capiteranno prima che accadano. Lui c'era sempre quando uscivo con una ragazza e quando gli chiedevo risposte mi diceva non fosse lei quella giusta (Tramite un passo biblico o qualche persona, solitamente Gino). Io gli rispondevo che per me era difficile e mi arrabbiavo con lui ma lo ascoltavo, sempre.
Abito in un paesino in provincia di Caserta e vado a pregare in una Chiesa a 10 km da casa mia perché è li che ho avuto l'incontro con Dio. A maggio 2019 avrei dovuto conoscere questa ragazza del mio stesso paese tramite una sua amica di università che appartiene al mio gruppo di preghiera e l'avrei dovuta portare ad un ritiro di una giornata di Domenica. Ricordo che mi alzai prima e che quando vidi la sua foto su whatsapp pensai fosse qualche altra scalmanata. Fatto sta che lei non si svegliò e che rimasi ad aspettarla fuori la sua strada per più di mezz'ora anche se non venne nonostante le mie telefonate. Io accesi la macchina e me ne andai al ritiro pensando che certa gente è davvero maleducata. Non sapevo che si prendesse cura di sua nonna, che quest'ultima non fosse stata bene e che le avesse fatto passare una notte in bianco. Fatto sta che in quel periodo era nel momento più buio della sua vita e che non mi avrebbe mai calcolato. Almeno così dice ma a chi vuole darla a bere ;-)
Come vi dicevo è iniziato tutto il 23 Dicembre 2019. Dio mi mise nel cuore che avrei incontrato una persona e che sarebbe stata quella giusta per me. Io quando pregavo gli chiedevo una ragazza riccia e con un bel sorriso, che mi facesse sempre ridere perché sono malinconico e che avesse Gesù nel cuore come me e mi facesse riscoprire il senso della messa visto che non ci andavo praticamente mai nonostante seguissi un cammino di fede. Il 23 sera iniziai ad accusare un po' di mal di gola ma decisi di uscire lo stesso visto che era Venerdì e presi freddo. Essendo

una persona con difese immunitarie nulle, il mal di gola divenne febbre ma il 24 andai comunque a brindare con alcuni miei amici, tanto avevo Dio che mi proteggeva…

Dio ci protegge ma se siamo fessi non è che può fare tanto e quindi passai Natale e Santo Stefano con la febbre 39.6, che bello. Mia mamma mi metteva degli stracci imbevuti di acqua fredda sulla fronte ed io pregavo Dio che me la facesse passare perché dovevo stare vicino a due fratelli nuovi che avevo portato al gruppo durante la fraternità (Un ritiro spirituale di 3 giorni con tutti i ragazzi della mia Regione) che ci sarebbe stata dal 27 al 29 Dicembre a Paestum.

Assumevo tachipirina ogni 4 ore ma la febbre non scendeva e verso le 3:00 del mattino del 27 (Avevo il pullman alle 6:30) mi addormentai e mi svegliai tutto sudato alle 6:00. Avevo fatto la valigia nonostante la febbre e le urla di mia madre perché sarei partito comunque per stare vicino a loro.

Io sono una persona sincera e vi dico che tutto feci tranne che passare con loro quei giorni, si vede che Dio aveva altri piani per me. Il mattino del 27 stavo male anche se a tutti dicevo che era passato. Scesi al bar dove tutti i ragazzi aspettavano il pullman e presi un caffè per riprendermi. Ad un tratto arrivò il pullman ed io mentre mi apprestavo a posare la valigia nello scompartimento sottostante pensai tra me e me che non ci fosse nessuno di nuovo e che forse avevo sbagliato a capire le intenzioni di Dio. Posata la valigia sentii qualcuno tirarmi per il braccio da dietro, era la mia amica. Mi disse: "Ue amicooo, lei è Marica, la mia amica che ti appese l'altra volta" (A Napoli appendere è sinonimo di dare buca) io alzai lo sguardo e mi innamorai. Forse non mi crederete ma subito capii fosse lei e riuscii solo a buttarla sul ridere.

Adesso vi lascio con la mia testimonianza, vi prego di leggerla.

TESTIMONIANZA DI PASQUALE

Quest'anno la fraternità mi ha stravolto la vita. Ho aspettato un po' prima di scrivere questa testimonianza proprio perché volevo essere sicuro di aver capito bene ciò che Gesù mi aveva messo nel cuore.
Come alcuni sapranno, sono una persona che crede fermamente nell'Amore, quello con la A maiuscola, quello che ti toglie il fiato; ci ho sempre creduto, sin da bambino e continuavo a crederci nonostante le batoste subite nella vita.
Prima di partire Gesù mi aveva messo nel cuore che mi avrebbe donato un qualcosa di speciale, una persona che sarebbe divenuta per me importante, la ragazza che stavo cercando ormai da tempo. Il 2019 era stato caratterizzato da tanti tentativi di trovarla con altrettanti fallimenti. Tutte le ragazze che iniziavano a piacermi se ne uscivano con la solita frase che loro dovevano provare tutto di un uomo prima di potersene innamorare e penso abbiate capito a cosa alludessero; Dio mi diceva di allontanarmi da loro ed io mi arrabbiavo ogni volta con lui ma mio malgrado seguivo i suoi consigli. Io cercavo altro e lui lo sapeva. Volevo un qualcosa che andasse al di là della superficialità odierna, un qualcuno dai capelli ricci e dallo sguardo dolce. Così dicevo: "Gesù mio mandamela riccia, dolce e pazza; e fa che abbia te nel cuore"
Potete immaginare quanto poco credessi nell'avverarsi del mio desiderio nonostante avessi la piena fiducia in Dio.
Prima di partire, dopo avermi messo questo sogno nel cuore, il Signore mi aveva parlato chiaro attraverso i miei fratelli, il mio migliore amico ed i miei genitori. Tutti mi avevano detto la stessa identica cosa: "vedi di trovare una ragazza che faccia per te in questo ritiro" perché io prima di lei, in tutte vedevo difetti, ed avevo paura anche solo di iniziare ad aprire il cuore a qualcuno.

Quando la vidi la prima volta subito capii, anche se non potevo sapere se fosse realmente lei, sapevo solo che durante le pause facevo di tutto per vederla e che se non la trovavo sentivo la sua mancanza in modo forte, nonostante l'avessi conosciuta da poco; dicevo ai miei fratelli di farla sedere con noi perché era venuta col nostro gruppo e dovevamo stare insieme, quando in realtà a me interessava solo di stare con lei. A volte si diventa un po' egoisti ma io sentivo nel cuore fosse quella giusta e dovevo fare di tutto per conquistare quel sorriso che poi sarebbe diventato la mia ragione di vita. A volte era veramente difficile parlarle, perché quando mi guardava negli occhi sentivo il mio cuore sciogliersi come un ghiacciolo sotto al sole di Agosto.
Una mattina iniziammo a parlare del mare, del fatto che le piacessero le albe e a me i tramonti come al piccolo principe e di tante altre cose di cui ad un'altra persona non avrei mai potuto parlare; senza accorgermene le stavo mostrando il vero me, quello che nell'ultimo anno e mezzo mai avevo mostrato a nessuna, abbassando completamente le difese. Avevo però paura di non piacerle e chiesi risposte al Signore, risposte che subito arrivarono tramite una catechesi che esortava a provarci sempre e a non aver paura di fallire O di essere poco. "Niente paura, tu corri!"
Non potevo immaginare che quel forte interesse si stesse materializzando anche dall'altro lato e nemmeno lei stessa lo sapeva, fatto sta che quando tornammo mi mancava così tanto che iniziai a piangere. Tutti intorno a me erano felici ed io ero felice per loro ma a me mancava la sua voce, la sua vitalità e la sua pazzia; ero convinto del fatto che per lei non sarei mai potuto essere nulla se non un fratello di fede. Lo so che posso sembrarvi pazzo, magari vi chiederete: "come fai ad innamorarti perdutamente di una persona in soli tre giorni, senza nemmeno sapere chi sia?" Vi rispondo che a me non

importava chi fosse, sapevo l'avesse inviata il Signore e mi fido di lui ciecamente.
Credetemi che è stato lui a fare tutto per me: dal primo messaggio inviatomi da lei per farmi leggere la sua testimonianza, alla mia risposta con una foto di un tramonto suggeritami da un mio amico, fino una serie di messaggi grazie ai quali presi coraggio di chiederle se avessi potuto ascoltare la messa con lei il 31 Dicembre.
A messa vedevo che ogni tanto mi guardava sorridendomi. Quella sera pregai così tanto affinché si potesse innamorare di me...
Lei mi chiese se avessi voluto brindare insieme ai suoi amici ed al suo parroco, io non potetti dirle di no, era bello per me passare altro tempo vedendola sorridere. A quanto pare però il Signore aveva già deciso che il tempo non sarebbe dovuto essere così poco, anzi, ed entrambi non abbiamo potuto fare altro che seguire il suo volere, divenendo le persone più felici di questo mondo. Non posso sapere quali siano i piani di Dio per noi due, ma sento di dire che noi due siamo dimostrazione concreta del profondo amore di Dio e del fatto che lui vive. Siamo passati dall'essere amati all'amare ed auguro questa sensazione a tutti voi che leggere questo libro. Però mi raccomando, affidate la vostra vita a Dio e provate a seguirlo e poi vedrete che non ve ne pentirete affatto.

Dio non annulla il nostro dolore o ci risolve i problemi ma ci fa capire che ci è sempre vicino e che non siamo soli, dandoci una speranza di vita nuova. Ci aiuta a comprendere i nostri difetti e a lavorare su noi stessi per smussare il nostro carattere e soprattutto ci insegna ad amare in un modo fiabesco, come dovrebbe essere. Perché ricordate che il nostro amore ha dato la vita su una croce.

Fine!

Grazie di avermi letto, grazie di avermi compreso, grazie di avermi scelto. Dopo la lettura contattami e dimmi cosa ne pensi del mio testo, è importante sia per capire se ti sono arrivato al cuore, sia per crescere. Nonostante tutto, ricordati che ti voglio bene!

Se ne hai piacere seguimi sulle mie pagine social.
Cerca: Pasquale Stavolone

Printed by Amazon Italia Logistica S.r.l.
Torrazza Piemonte (TO), Italy